U0469344

可见的学习者

为什么要记录学习行为？

Visible
Learners

Promoting
Reggio-Inspired Approaches
in All Schools

[美] 玛拉·克雷切夫斯基（Mara Krechevsky）
本·马德尔（Ben Mardell）
梅莉萨·里瓦德（Melissa Rivard）
丹尼尔·威尔逊（Daniel Wilson）
著

唐玥 译

中国人民大学出版社
·北京·

感谢安德鲁（Andrew）、莉兹（Liz）、史蒂夫（Steve）和特里（Terri）的支持

专家赞誉

本书全面介绍了学习行为记录的价值和实施方法，明确地向我们展示了学习行为记录给师生、家庭，甚至更大的社区带来的诸多益处。作者不仅非常及时地探讨了积极使用学习行为记录和落实国家课程标准之间的关系，还提出了有效且实用的建议。各个年级和各个学科的老师，无论你是正在接受培训，还是身处教学一线，本书都值得你阅读。

——莉莲·G. 卡茨博士（Lilian G. Katz）
美国伊利诺伊大学幼儿教育和育儿信息中心名誉教授

这本书真是个宝藏。在开头部分，它讲述了一系列不同学段的孩子相互学习的故事。接下来，它建议读者运用从学习行为记录中获得的多种见解来分析这些故事，从而让个人学习和小组学习变得可见，并使学习进一步持续。然后，它直面现在经常被问到的问题——学习行为记录该如何支持课程标准，并给出了详细的解答。作者根据丰富的经验，创作了这本包含各种沟通框架、实践策略和教学工具的指南，总结了如何用学习行为记录促进小组学习。尽管作者建议读者参考他们与"瑞吉欧"共同创作的早期著作《让儿童的学习看得见：个体学习与集体学习中的儿童》（*Making Learning Visible: Children as Individual and Group Learners*），我还是坚定地认为，本书在上述著作的理论基础上，勾勒出了更丰富的色彩。

——莱拉·甘迪尼（Lella Gandini）
瑞吉欧教学法推广部美国联络人

当下的大环境需要我们帮助学生为步入大学和社会做好准备。面对这种需求和美国《共同核心州立标准》带来的挑战，我们一致认为：学生需要成为独立的、会反思的学习者，以及能审慎思辨的思考者和问题解决者。我们怎样才能培养这样的学生？本书给出了强有力的回答：我们的课堂应当致力于密切观察、记录并分析学生的想法，以提升学生学习和理解的质量。

——罗恩·伯杰（Ron Berger）
美国"探险式学习"首席项目官

目 录

致谢 　　　　　　　　　　　　　　　　　　　　　001
序 　　　　　　　　　　　　　　　　　　　　　　007
前言 　　　　　　　　　　　　　　　　　　　　　011

第一部分　六个学习特写

第1章　一扇小黄门：在学前班里化问题为项目　　019
　　计划阶段　　　　　　　　　　　　　　　　　020
　　"门搜搜"：收集门的数据　　　　　　　　　 021
　　整理和分享数据　　　　　　　　　　　　　　022
　　大"门"告成　　　　　　　　　　　　　　　026
　　造门项目的深远影响　　　　　　　　　　　　026

第2章　春池：七年级学生调查与保护本地自然栖息地　028
　　春池探险之旅　　　　　　　　　　　　　　　029
　　数据的收集与研究："这是什么？"以及"你怎么证明？"　030
　　"能量从哪里来？"　　　　　　　　　　　　 032
　　制作湿地图鉴　　　　　　　　　　　　　　　033
　　从湿地到湿地保护区　　　　　　　　　　　　034
　　回顾与反思　　　　　　　　　　　　　　　　035

第3章　何为"伟大"：在AP文学课上协商不同观点　037
　　关于"伟大"的访谈　　　　　　　　　　　　041

第4章　了不起的摩天轮跳水： 在高中数学课上，让方程式可见、易懂　046
展示方程式背后的思考　048
2.4 米深的水真的够深吗　050
留意观众　051
展览的余温　052

第5章　"导演你好"：学前班的孩子研究波士顿马拉松比赛　054
各就位，预备，跑！　055
短片策划委员会的诞生　056
设计分镜头剧本　057
朋友们的反馈　058
学习小组惠及周边　060

第6章　关注学生的参与： 在四年级教室中支持学生的探究之旅　061
旋转的陀螺　062
所有的手都动起来了：小组合作的标志　066
达尼可的发现：捕捉数学课上的顿悟时刻　067

第二部分　原则与实践

第7章　让学习与学生可见　073
让学习可见的必要性　074
"让学习可见"项目的发展历程　075
环境的改变　077
学习的五大原则　078
让学习与学生可见的核心实践　084

第8章	细述小组学习那些事	088
	培养学生共同学习的能力	091
	设计适合团队开展的有意思的任务	095
	引导对话，促进深度学习	097
	有意识地分组	100
	适时穿插个人、小组和全班的学习活动	104
第9章	细述学习行为记录那些事	107
	学习行为记录：远不止一个精致的最终作品	108
	什么时候记录	108
	学习行为记录的四大实践	111
第10章	在教学问责的时代看见学生的学习	135
	三个例子：让学习可见如何支持基于标准的实践	136
	"让学习可见"与课程标准联动	142
	教学问责的三大范畴	147

第三部分　让学习和学生可见的工具

第11章	支持课堂上的小组学习	155
	工具1　"让学习可见"起步	157
	工具2　关注小组学习：课堂讨论指南	160
	工具3　分组注意事项	164
	工具4　项目起始记录表：让所有小组成员都参与进来	167
	工具5　给予和接收反馈的脚手架	170
第12章	支持教师学习小组	175
	工具6　"让钱飞起来"：探索小组学习与学习行为记录	177
	工具7　创建并引导成人学习小组	179

　　　　工具 8　回顾学习行为记录：合作评估会议　　　　　184
　　　　工具 9　创建公开的学习行为记录：规程 1　　　　　186
　　　　工具 10　创建公开的学习行为记录：规程 2　　　　　188

第13章　**记录个人和小组的学习行为**　　　　　190
　　　　工具 11　学习行为记录何时让学习可见　　　　　192
　　　　工具 12　通过有意识地探究开启记录之旅　　　　　194
　　　　工具 13　通过退后一步开启记录之旅　　　　　196
　　　　工具 14　选择记录工具时的注意事项　　　　　199
　　　　工具 15　录视频和拍照片指南　　　　　203
　　　　工具 16　对话框：让学生的发言可见　　　　　207

第14章　**让家庭成为学生学习的后援**　　　　　210
　　　　工具 17　向家庭介绍"让学习可见"的理念　　　　　212
　　　　工具 18　冰箱提醒条：在家实现让学习可见的五种方式　　　　　214
　　　　工具 19　让学习可见的家庭问卷　　　　　216
　　　　工具 20　让家庭参与学习过程　　　　　218
　　　　工具 21　在家记录学习行为　　　　　222

第15章　**让学习在教室外可见**　　　　　224
　　　　工具 22　让学习和学生可见的公告栏　　　　　226
　　　　工具 23　为教与学策展　　　　　229
　　　　工具 24　展板详解　　　　　232
　　　　工具 25　"变焦"展板的指南与模板　　　　　234

致 谢

诸多同事与机构为本书的写作提供了灵感和支持，他们的付出与分享让这本书得以深入探讨个人学习和小组学习。我们要感谢大西洋慈善基金会（The Atlantic Philanthropies）、马萨诸塞州中小学教育部（Massachusetts Department of Elementary and Secondary Education），还有巴尔基金会（Barr Foundation）对"零点计划"（Project Zero）[①]和波士顿地区中小学教育工作者的资助。我们由衷地感谢安杰拉·科弗特（Angela Covert）与金·哈斯金斯（Kim Haskins）为这项工作提出的构想和支持。我们还要感谢俄亥俄州教育部（Ohio Department of Education），它的支持使得"让学习可见"项目在上阿灵顿的威克利夫进步社区学校（Wickliffe Progressive Community School）落地。

对全身心投入"让学习可见"项目研讨会的老师、管理者和高中生们，我们的感激之情无以言表。他们是阿伦·利维（Aaron Levy）、阿德蕾娜·罗德尼（Adeleine

---

[①] 零点计划是哈佛大学教育学院于1967年发起的项目，其初衷是通过对艺术教育的研究来理解学习过程。现如今，这个项目通过各类研究帮助人们了解和发展学习、思考、道德、智力和创造力。"让学习可见"（Making Learning Visible）项目是零点计划的一部分，而零点计划另一个为人熟知的项目是"让思考可见"（Making Thinking Visible）。——译者注

Rodene)、阿曼达·范弗莱克(Amanda Van Vleck)、安妮·塞弗留斯(Annie Sevelius)、阿丽拉·罗思坦(Ariela Rothstein)、贝齐·达米安(Betsy Damian)、鲍比·罗森凯斯特(Bobbi Rosenquest)、凯西·米尔恩(Cathy Milne)、查尔·斯基德莫尔(Char Skidmore)、谢丽尔·萨特(Cheryl Sutter)、克里斯·布科(Chris Bucco)、克里斯·洛(Chris Low)、辛迪·斯诺(Cindy Snow)、克兰茜·威尔逊(Clancie Wilson)、丹·莫纳汉(Dan Monahan)、丹尼卡·贾拉塔尼(Danikka Giarratani)、戴维·拉姆齐(David Ramsey)、德布·登普西(Deb Dempsey)、黛比·米利根(Debi Milligan)、道格·安德森(Doug Anderson)、埃伦·戈德堡(Ellen Goldberg)、弗朗西丝·法雷尔(Frances Farrell)、吉恩·汤普森-格罗夫(Gene Thompson-Grove)、杰拉尔多·马丁内斯(Gerardo Martinez)、吉娜·斯蒂芬尼尼(Gina Stefanini)、吉赛尔·迪桑(Gizelle Dizon)、格雷谢拉·霍普金斯(Graciela Hopkins)、希瑟·摩尔·伍德(Heather Moore Wood)、希瑟·诺德(Heather Nord)、海迪·莱恩(Heidi Lyne)、伊恩·哈梅尔(Ian Hamel)、珍妮弗·霍格(Jennifer Hogue)、吉尔·伯格(Jill Berg)、琼·索布尔(Joan Soble)、乔安妮·克利里(Joanne Cleary)、约翰娜·格罗乔瓦尔斯基(Johanna Grochowalski)、乔恩·赫斯特(Jon Hirst)、卡伦·丹尼尔斯(Karen Daniels)、肯德拉·麦克劳夫林(Kendra McLaughlin)、克丽-李·沃克(Kerrie-Lee Walker)、凯文·德普恩(Kevin Depin)、凯尔·多德森(Kyle Dodson)、莱斯利·斯特朗(Lesley Strang)、林·塔克(Lin Tucker)、林迪·约翰逊(Lindy Johnson)、莉萨·迪特里希(Lisa Dittrich)、莉萨·菲奥里(Lisa Fiore)、洛丽·里韦拉(Lori Rivera)、林恩·赫尔利(Lynn Hurley)、林恩·斯图尔特(Lynn Stuart)、玛吉·多诺万(Maggie Donovan)、马克·凯南(Marc Kenen)、玛伦·奥伯曼(Maren Oberman)、玛格丽特·希克斯(Marguerite Hicks)、玛丽娜·博尼(Marina Boni)、马萨米·斯坦普夫(Masami Stampf)、梅莉萨·托纳

谢尔（Melissa Tonachel）、莫兰德·艾蒂安（Molander Etienne）、妮科尔·查斯（Nicole Chasse）、帕姆·理查森（Pam Richardson）、菲莉斯·布雷索尔兹（Phyllis Bretholtz）、雷切尔·林（Rachel Hayashi）、蕾切尔·米洛尔德（Rachelle Milord）、罗乔尔·萨哈德奥（Rawchayl Sahadeo）、萨拉尔·帕斯塔（Sarae Pacetta）、萨拉·费尔曼（Sarah Fiarman）、萨拉·梅普（Sarah Mayper）、塞万·马里内利（Sevan Marinilli）、斯蒂芬妮·考克斯·苏亚雷斯（Stephanie Cox Suarez）、塔西娅·托马斯（Tassia Thomas）、塔维亚·米德（Tavia Mead）、蒂娜·布莱思（Tina Blythe）、托德·柯蒂斯（Todd Curtis）、尤娜·麦克道尔（Una MacDowell）、伊冯娜·扬（Yvonne Young）和佐伊·科恩（Zoe Cohen）。与你们并肩而行是我们的荣幸，感谢你们一直致力于探索教与学的新可能。为了帮助研究团队在美国各个年级将这些理念付诸实践，你们每个人都做出了巨大贡献。没有你们，就没有这本书。

我们还要感谢"让学习可见"项目的各位管理人员和研讨会成员：马萨诸塞州布莱顿鲍德温幼儿学习中心（Baldwin Early Learning Center）的所有员工和家长；马萨诸塞州剑桥市本杰明·班纳克公立特许学校（Benjamin Banneker Public Charter School）的珍妮弗·范希尔（Jennifer Van Hill）、马隆·戴维斯（Marlon Davis）、雪莉·布雷托斯-卡雷（Sherley Bretous-Carré）和苏珊娜·布凯尼亚（Suzannah Bukenya）；剑桥林奇与拉丁学校（Cambridge Rindge and Latin School）的克里斯·萨希德（Chris Saheed）、达蒙·史密斯（Damon Smith）、道格·麦克格莱瑟（Doug McGlathery），以及这些年来该校教学展览筹备组的所有成员；马萨诸塞州布鲁克莱恩镇爱德华·迪沃申学校（Edward Devotion School）的安德烈亚·多恩（Andrea Doane）、贝丝·威廉姆斯（Beth Williams）、贝萨妮·伯杰隆（Bethany Bergeron）、邦妮·迈克尔（Bonnie Michal）、埃琳·麦克纳（Erin McKenna）、莉兹·格罗特（Liz Gelotte）和玛丽贝思·扎博夫斯基（MaryBeth Zabowsky）；波士顿李学院试点学校（Lee Academy Pilot School）的安伯·麦金农（Amber

McKinnon）、埃琳·戴利（Erin Daly）、珍婷·莱瑟特·琼－米歇尔（Genteen Lacet Jean-Michel）、朱莉·沃尔什（Julie Walsh）、科斯汀·佩斯（Kirstin Peth）、玛丽·马伦（Marie Mullen）、梅莉萨·普罗旺斯（Melissa Provencial）和拉达·埃尔南德斯（Radha Hernandez）。感谢你们在学校层面为我们提供支持，并积极参与"让学习可见"项目。

此外，书中的"六个学习特写"部分为本书探讨的观点奠定了基础。因此，我们还想感谢为此收集资料并做出重要贡献的所有人：妮科尔·查斯和莉塞特·巴蓓安（Lissett Babaian），曼迪·洛克（Mandy Locke）和马特·利夫（Matt Leaf），琼·索布尔，道格·麦克格莱瑟、琼·布鲁内塔（Joan Brunetta）和诺拉·西尔斯（Nora Sears），苏珊·德基（Susan Durkee），以及阿曼达·范弗莱克。

我们还要向威克利夫进步社区学校的克里斯·科拉罗斯（Chris Collaros）、黛比·宾克利（Debi Binkley）、弗雷德·伯顿（Fred Burton）、珍妮·斯珀林（Jeannie Sperling）、莫琳·里迪（Maureen Reedy）和萨布丽娜·沃尔特斯（Sabrina Walters）表示感谢。谢谢你们的盛情邀请，让我们有机会与如此杰出的教职员工和家庭合作。我们无比珍惜这么多年与大家建立的深厚友谊及可贵的工作关系。我们从你们每个人身上学到了许多。

多年来，我们有幸与许多才华横溢的研究员和研究生一起工作。你们为"让学习可见"项目做出了巨大贡献。感谢安德烈亚·蒂斯（Andrea Thies）、阿尔祖·米斯特里（Arzu Mistry）、博·马丁（Beau Martin）、卡罗琳·德克里斯范诺（Carolyn DeCristofano）、凯西·普雷斯白（Casey Presby）、塞莉纳·贝尼怀兹（Celina Benevides）、埃琳娜·贝尔·怀特（Elena Belle White）、伊恩·帕克－伦格（Ian Parker-Renga）、珍妮特·斯托克（Janet Stork）、约翰·斯普第奇（John Spudich）、莉塞特·巴蓓安、马修·坎纳瓦莱（Matthew Cannavale）、萨拉·亨德伦（Sara Hendren）、苏珊娜·拉拉（Susanna Lara）和特里·特纳（Terri Turner）。

几位诤友建言献策，帮助我们阐明本书的观点。他们是阿莉娅·马哈茂德（Aliyah Mahmoud）、珍妮·班伯格（Jeanne Bamberger）、莱拉·甘迪尼、佩姬·肯普（Peggy Kemp）、罗恩·伯杰、罗恩·里查特（Ron Ritchhart）和萨拉·费尔曼（Sarah Fiarman）。

感谢霍华德·加德纳（Howard Gardner）、史蒂夫·塞德尔（Steve Seidel）、塔维亚·米德、莉兹·梅里尔（Liz Merrill）和琼·索布尔在阅读书稿后给予宝贵的反馈。特别感谢蒂娜·布莱思细致地阅读了本书的初稿。

我们还要对乔西－巴斯（Jossey-Bass）出版团队说声谢谢。谢谢凯特·布拉德福德（Kate Bradford）、贾斯汀·弗拉姆（Justin Frahm）、苏珊·杰拉蒂（Susan Geraghty）和娜娜·图马西（Nana Twumasi）的支持。感谢你们愿意出版一本面向中小学教育工作者，既有"学习特写"，又有传统章节，还有实用工具的书。

如果没有来自两个团队的同事的支持和鼓舞，这本书也是不可能面世的。"零点计划"一直是我们的知识家园，为我们提供了浓郁且多元的学习氛围。感谢霍华德·加德纳在整个工作过程中慷慨地付出时间，为我们提供咨询与建议。我们尤其要感谢"让学习可见"项目的"邓布利多"——史蒂夫·塞德尔。在本书从无到有的整个过程中，他以自己的学识、睿智和善良一直引导和陪伴着我们。

我们也要感谢意大利瑞吉欧艾米利亚市立幼儿园和婴幼儿中心及其姊妹组织"瑞吉欧儿童"（Reggio Children）的同事们。本书中的许多想法和实践受到了他们的启发或是在这些机构发展起来的。感谢葆拉·巴奇（Paola Barchi）、安杰拉·巴罗齐（Angela Barozzi）、葆拉·卡利亚里（Paola Cagliari）、玛丽娜·卡斯塔涅蒂（Marina Castagnetti）、弗朗西丝卡·达沃利（Francesca Davoli）、蒂齐亚娜·菲利皮尼（Tiziana Filippini）、阿梅莉亚·甘贝蒂（Amelia Gambetti）、克劳迪娅·朱迪奇（Claudia Giudici）、弗朗西丝卡·马拉斯托尼（Francesca Marastoni）、伊莎贝拉·门尼诺（Isabella Meninno）、安娜玛丽亚·穆基（Annamaria

Mucchi）、乔瓦尼·皮亚扎（Giovanni Piazza）、埃维莉娜·雷维尔贝里（Evelina Reverberi）、葆拉·里科（Paola Ricco）、卡拉·里纳尔迪（Carla Rinaldi）、劳拉·鲁比齐（Laura Rubizzi）、葆拉·斯特罗齐（Paula Strozzi）、韦亚·韦基（Vea Vecchi）和埃马努埃拉·韦尔卡利（Emanuela Vercalli）。以上各位与其他几十位充满热情的教育工作者一道，继续创造着鼓舞人心的学习环境，让各个年龄的学习者都能充分发挥自己的潜力。特别感谢卡拉·里纳尔迪和蒂齐亚娜·菲利皮尼多年来跨越山海，为我们提供智力支持和个人支持。

最后，还要感谢各位学生及其家人允许我们研究他们的学习历程，讲述他们的故事。

序

在谈及教师和家长的责任时，我从来不喜欢"问责"（accountability）这个词。这个词容易误导人。而本书作者开创性地从高风险测试的角度，探讨了理解问责的另一种思路，对此我感到无比欣喜。

多年前，我的朋友兼同事爱德华（特德）·奇滕登［Edward（Ted）Chittenden］提醒过我们，考试分数只能让我们间接了解学生及其学习情况，还有很多不同的方式可以用来呈现学校里正在发生的学习。本书旨在帮助我们思考多种多样的方式，并权衡利弊。

这本精彩的书将呈现：我们要想用观察力和辨别力来判断学生对什么感兴趣，以及是否朝着正确的方向前进，就需要重新审视之前对学生的能力做出的假设，或者需要深入挖掘，以更好地理解学生向我们展示的内容。正是通过后一种形式，本书在为我们提供了职业发展路径的同时，也展示了如何对他人负责。

现如今，市面上很难找到这样一本描写师生都能全身心投入课堂学习的书。戴维·霍金斯（David Hawkins）曾说过，学习是一个三角形，教师和学生分别占据两个角，第三个角则是他们共同钻研的主题。我们成人需要和学生一起，解开周围环境中的矛盾所带来的困惑。本书第一部分介绍的六个"学习特写"，无比精彩地描绘出真正的"项目学习"到底是什么样的。"项目学习"令人着迷的不是"数学应用题",而是生活的复杂性。除了记录这些课堂项目以外,作者还强调了"共同学习"的重要性——无论是在教室里还是在其他教学环境中。记录学习行为和教师实践不仅为孩子,也为成人营造出更丰富的合作学习环境。从他人的视角观察同一个教学实践,是强有力的职业发展培训的重要部分,也往往是学校最为缺失的一环。

每一篇"学习特写"都展示了它所面对的挑战。"何为'伟大'"这篇特写反映了特德·赛泽(Ted Sizer)所说的"核心问题"(essential questions)[①]——特写中提到的班级对观点的探索非常巧妙,这提醒我们关注耐心聆听的作用。在这篇特写中,我们不仅能看到学生的成长,还能看到教师的成长。琼·索布尔的话让我回味无穷。她认为,教师经常寻求的是共识而不是分歧,似乎所有分歧都需要愉快地解决。她鼓励学生辩论,捍卫自己的观点,但他们似乎没有准备好去说服对方或聆听彼此的声音,反而以"每个人都有不同的想法"为借口拒绝重新审视自己的观点并达成共识。然而,在这一过程中,她也开始意识到"也许共识有时是难以实现的,并没有她想象的那么重要"。

第一和第二部分探讨师生的合作共学。在第二部分最后一章,我们还会探索如何让家庭参与孩子的学习——孩子们在学校的学习往往缺失家庭这一环。第三部分为学校和教师提供了一些很容易上手的工具,来检验前面提到的学习特写、原则和实践,可以说这是在真实课堂上将理论转化为实践的操作指南。作者选出的都是我见过的很出色的工具。

作者介绍的学习行为记录(documentation)[②]和小组学习方法旨在

[①] 核心问题是一个单元或项目最重要的问题,是课程需要学生通过思考、探索和分析去回答的问题。——译者注

[②] 英文"documentation"一词通常有文档、文献和记录文件之意,而在本书中,它特别强调教师对学生学习情况的记录。为了与普通文档或记录区分,我们将这个词译为"学习行为记录"。学习行为记录是瑞吉欧教学法的特色。教师可以用各种方式记下学生的学习点滴,从而帮助自己了解学生,帮助学生认识自己。——译者注

帮助成人更好地理解教学和学生，这些方法类似于帕特·卡里尼（Pat Carini）在展望学校（Prospect School）和佛蒙特州北本宁顿的教育与研究中心（Center for Education and Research）研发的描述性回顾（Descriptive Review）流程[1]。尽管每一种方法都有其独特之处，但别担心，这些方法也可以完美地结合在一起。每一种方法都激励我们拓宽眼界，深入了解学生和他们在做的事情。分享不同观点不是为了争辩，而是为了发现更多可能性。

我很喜欢使用瑞吉欧艾米利亚（Reggio Emilia，简称瑞吉欧）教学法[2]，但其中大量的学习行为记录常常让我望而却步。读完本书，我总算理解了学习行为记录最本质的目的——让学生及其学习情况可见。正是这种"可见"使家长与教师、教师与学生、教师与同事更好地团结在一起，进而让学生看到真实的世界。在大多数课堂上，我们都是用眼睛来观察，却常常对眼前发生的事情视而不见。但本书所描述的学习行为记录中丰富且翔实的课堂细节改变了我的刻板印象——记录学习行为是奢侈的，它是一种耗时的公共关系形式。事实上，学习行为记录可以帮助学生和教师清晰地了解学习进程。从长远来看，这样反而可以节省不少时间。

列夫·维果茨基（Lev Vygotsky）曾指出，"周围的人如何思考，孩子就会如何思考"[3]。本书的特别之处在于，它对这句话进行了深入阐述，但前提是，孩子身边的人真的在思考！很少有人意识到，我们能"传递"

---

[1] 描述性回顾流程是一种反思学生及其学习情况的方法。教师会围绕一系列问题分享对某个学生的观察，包括学生的肢体语言、表情、性格、兴趣、师生关系等。这一方法旨在帮助教师更全面地了解学生。——译者注

[2] 瑞吉欧教学法源于瑞吉欧艾米利亚市，它位于意大利东北部。"二战"后，教育家洛里斯·马拉古齐（Loris Malaguzzi）与周围村庄的家长一起在这里发展起了瑞吉欧学前教育体系。它强调尊重孩子，多方合作，主动学习，基于孩子的兴趣设置课程等。教师鼓励孩子用自己的语言去探索环境，表达情感，建立与世界的联系。——译者注

[3] Vygotsky, L. S. (1978). *Mind in society: The development of higher psychological processes*. Cambridge, MA: Harvard University Press. ——作者注

给孩子的，只能是那些我们自己理解、关心和珍视的东西。我们只有以身作则，才能让孩子重视我们坚信的价值观。

我还记得在教学生涯的很多年里，自己常常搞不清到底要近距离接触学生，还是要退后一步远观学生。我总想在两者间找到平衡，却又顾此失彼。教师有时总想"插手"做点儿什么才觉得对得住这份薪水，比如，向学生说明、解释和反馈。但我学到的是，不管是有意还是无意，退后一步观察学生是教师职责中艰难而关键的一部分。我很喜欢与成人打交道，我也很快发现了作者在书中提醒我们的一点，即学校里的成人也需要不断学习，必须找时间共学与互学。

在职业发展的道路上，我走了不少弯路。我希望本书的读者，不论你是经验丰富还是初出茅庐，在读过书中的论述、故事和工具后，都能比从前的我更频繁、更明智地退后一步。

德博拉·迈耶（Deborah Meier）
纽约中央公园东部学校和波士顿米申希尔试点学校创始人

前 言

瑞吉欧学校的创始人洛里斯·马拉古齐曾说:"教与学不应该分别站在两岸看河水奔流,而应该同舟共济,携手并进。"[1]本书讲述的正是"同舟共济,携手并进",强调的是侧耳聆听和主动参与应当相辅相成,以及个人和小组的学习行为记录如何丰富和促进教与学之间的对话。这些对话会发生在课堂上和校园里,也会发生在课堂和校园之外更广阔的空间。

全球化和 21 世纪的新经济形式,需要我们在日益多元化的群体中学习和工作。在一个万物互联、日新月异的世界里,作为个体和群体学习者,我们对自身的了解变得更为重要。然而,在大多数情况下,获取知识还是被看作一个个人学习的过程。思考和学习通常被视为个人行为,而不是社会行为或交互行为。事实上,评估和教学的诸多方面仍然侧重于提高个人的表现和成绩。在本书中,我们将探讨如何把小组学习、学习过程记录和学习成果结合起来,从而为学生、教师和更大的社区带来绝佳的教与学体验。

本书并非一本典型的操作指南。本书的出版旨在填补

---

[1] Edwards, C., Gandini, L., and Forman, G. (Eds.). (2012). *The hundred languages of children: The Reggio Emilia experience in transformation* (p.58). Santa Barbara, CA: Praeger. ——作者注

年级之间（从幼儿园到高中）和学科之间（从艺术到代数）的断层。我们也希望那些一直致力于为学生、教师和家庭打造鼓舞人心且令人难忘的学习环境的管理者能够读一读本书。我们的目标是激励和帮助教师建立一种课堂与学校文化，让高效学习成为可能——不管是学生的学习、教师的学习，还是整个社区的学习。虽然我们的目的是激发对可能性的思考，但我们提出的想法和实践方法都经过了大量研究的检验。

本书的灵感来自瑞吉欧多年的教学经验，以及"零点计划"研发的教学策略。同时，书中介绍的概念和工具都是我们与美国教师经过多年密切合作总结而成的。十几年来，本书的作者与100多名美国教师（主要来自城市公立学校）合作，探究的问题包括：观察和记录学习是如何改变学习性质的？个人学习和小组学习之间是什么关系？小团体和学习小组之间的界限在哪里？……在阅读本书的过程中，你可以体会到这群教师无私的奉献、卓越的贡献和敏锐的洞察力。

发展历程

1997年，来自瑞吉欧市立幼儿园和婴幼儿中心以及"零点计划"的教育工作者齐聚一堂，共同探讨能否将小组作为一种学习环境，将学习行为记录作为一种策略，从而让学习可见，以及这两者是如何影响我们的学习方式和学习内容的。

20世纪60年代末以来，"零点计划"的研究人员一直致力于研究儿童、成人和组织内部学习过程的发展与变迁。

瑞吉欧幼儿园产生于"二战"后。当地的家长通力合作，在废墟中为孩子重建了学习场所。45年多的时间，教育工作者在这34所与众不同的市立幼儿园和婴幼儿中心里，日复一日地仔细研究、记录并引导儿童的学习。他们的工作让整个世界开始关注儿童个体与儿童小组的学习能力。

在合作的早期阶段，大部分研究都基于瑞吉欧的课堂。2001年，我们在《让儿童的学习看得见：个体学习与集体学习中的儿童》一书中发布了一个理解、记录和支持个人学习和小组学习的框架。该书是由"零点计划"的研究人员和瑞吉欧的教育工作者共同编写的。它收录了一些视觉论文（visual essay）①。这些用短文和图片构成的小故事，描述了在瑞吉欧的课堂上，孩子们一起学习、玩耍和合作的场景。在其中一则小故事里，三个五岁女孩用一个小时画出了一幅漂亮又细致的瑞吉欧城市地图（见下图）。在另一则小故事里，四五岁的孩子为弟弟妹妹们画出了"围着玫瑰树转圈圈"（Ring-Around-the-Rosy）游戏的具体玩法。在第三个小故事里，一组五六岁的孩子详尽地阐述了一个解释传真机工作原理的复杂理论。

五岁女孩们画的瑞吉欧城

---

① 视觉论文类似于海报，用图片、照片等视觉类素材和文字来讲述故事、阐述观点、解释文本或讨论社会话题，学生可以用它来觉察、反思和修正自己的认知过程。——译者注

如此丰富多元的学习经历让孩子们受益匪浅。针对那些不太了解瑞吉欧的人，该书提出了这样的问题：不同地方、不同类型学校的儿童能否参与到类似的学习体验之中？这些策略能否支持其他年龄段的学生？正如一位中学老师的评论："如果四岁孩子能做，那么十四岁的孩子做起来一定有更大的空间。"

自该书出版以来，我们一直与美国教师密切合作，他们主要在马萨诸塞州和俄亥俄州的上阿灵顿任教。在整个过程中，我们通过笔记、照片、视频、语录和学生成果来记录孩子们的学习情况。从研讨会到即兴讨论，从小组到大组，我们与孩子、成人一起在各类场合收集、分享、分析和解读学习行为记录。本书将会为你呈现我们的研究成果。

本书的目标

本书有三个主要目标。第一个目标是通过分享各个学科、各个学段让学习可见的案例，来挑战读者的固有观念，探索不同年龄段的学生究竟有哪些潜能。传统意义上，瑞吉欧教学法一般用于幼儿教育。但据我们观察，它在启发和丰富其他学段教与学方面的潜力尚未得到充分发掘。在本书的第一部分中，我们用六篇"学习特写"介绍了不同年级和不同学科让学习可见的可能性。教学小组可以用这些特写来支持、挑战或拓宽自己的教学思路；教师也可以与学生一起用它们来分析小组学习的作用；教师培训师还可以用它们来激励教师开发优质课程，或用作将理论应用于实践的例证。

第二个目标是描述让学习可见背后的教育学原则和实践，以便教师、教研组长、管理者、教师培训师以及提供教师职业发展培训的机构可以在不同场合举一反三。因此，本书第二部分的章节将会紧紧围绕六篇"学习特写"细致地阐述这些原则与实践。当然，我们也考虑到了当下一直在强调高风险测试和教学问责的大环境。所以我们展示了小组学习和学习行为记录如何与课程标准结合起来，并提供了一条有关问责的新思路。

在第 7 章《让学习与学生可见》中，我们指出学习应当是一种能够发展学生的思维能力、培养他们作为个体学习者和小组学习者身份认同的可见的活动。你会在本章中读到让学习可见的五大原则或维度——目的性、社会性、可展示性、赋权性和情感性。我们会用"学习特写"中的例子来具体阐释每个原则。

在第 8 章《细述小组学习那些事》中，我们会介绍为什么分组学习，特别是分成人数较少的小组，是促成高效学习的关键一环。你会读到五种促进小组学习的策略：培养学生共同学习的能力；设计适合团队开展的有意思的任务；引导对话，促进深度学习；有意识地分组；适时穿插个人、小组和全班的学习活动。

在第 9 章《细述学习行为记录那些事》中，我们剖析了学习行为记录的概念和具体操作方式。你会读到学习行为记录如何在四种环境——课堂内、课堂外、学习进行中、学习结束后，服务于不同的学习目的和对象。我们还概述了记录学习行为的四大实践——观察、记录、解读和分享，以及相应的策略，以帮助教师支持学习、让学习可见。

在完成教学任务、应对考试和落实课程标准的重重压力下，教师在课堂上实施上述策略是一项持续的挑战。因此，在第 10 章《在教学问责的时代看见学生的学习》中，我们援引"学习特写"中的例子来说明让学习和学生可见是如何帮助教师落实课程标准、重构学习责任的。让学习可见能辅助教师在学生与课程标准之间搭建桥梁，让课程标准在实践中落地，展示标准化考试无法反映的有价值的学习形态。最后，我们建议大家把问责看作对个人、对彼此和对更广泛的社区的责任。

第三个目标是给教师提供一套能立马上手的工具，在课堂上与学校里让学习和学生可见。在第三部分中，每个有关小组学习和学习行为记录的工具都详尽介绍了实施的具体步骤。实习教师可以在学习教学技巧时尝试这些工具，一线教师则可以使用这些工具支持自己的教学探究或进行职业发展培训。我们把这些工具分为以下五类：

- 在第 11 章《支持课堂上的小组学习》中，我们会介绍如何建立和维持学习小组，如何打造乐于交流的课堂文化。
- 在第 12 章《支持教师学习小组》中，我们会分享支持成人学习小组的活动、组织结构和对话流程。
- 在第 13 章《记录个人和小组的学习行为》中，我们为成人（和学生）提供了认识、制作和分享学习行为记录的资源，包括技术层面的考量，以及记录工具的挑选指南。
- 在第 14 章《让家庭成为学生学习的后援》中，我们帮助家长了解"让学习可见"的理念并参与其中，同时也介绍了如何支持孩子在家和在校学习。
- 在第 15 章《让学习在教室外可见》中，我们提供了在教室与学校之外让学习和学生可见的工具及模板。

我们建议读者朋友先读本书的第一部分，再读第二部分，因为我们将会援引第一部分的案例来解释第二部分的观点和原则。不过，我们也欢迎大家按任何顺序阅读本书。有的读者可能只想了解第三部分的工具，有的读者会重点关注介绍小组学习或学习行为记录的章节。无论你选择哪种方式，我们都希望大家在阅读中能有所收获，在实践中得偿所愿。

在谈到教与学之间的平衡时，洛里斯·马拉古齐说："很明显我们更重视学。倒不是说我们排斥教，我们的理解是'站在一旁，为学习留出空间和时间，仔细观察孩子们在做什么。如果你明白我的意思，那么你的教会与以前大不相同'。"[1] 本书介绍的两种实践——学习行为记录与共学、互学——正是让教与学"同舟共济，携手并进"的方式。

---

[1] Edwards, C., Gandini, L., and Forman, G. (Eds.). (2012). *The hundred languages of children: The Reggio Emilia experience in transformation* (p.57). Santa Barbara, CA: Praeger.——作者注

第一部分

六个学习特写

第 1 章到第 6 章将会详细介绍六个学习特写，你能在这些特写中看到从学前班到十二年级几门学科的课堂生活。这六个学习特写并没有特定的阅读顺序，你完全可以从感兴趣的读起。读到书的后半部分时，如果某个内容提及一个你不太熟悉的特写，欢迎你回到那一章，再读一读相应的内容。

请你带着下面的问题开始阅读这些学习特写吧。

- 在学习特写中，学生和学习是如何变得可见的？
- 小组学习和学习行为记录如何实现相辅相成？
- 教师和学生在支持自己与彼此的学习中分别扮演着什么样的角色？
- 在学习特写中，让学习可见的课堂实践方式让你产生了哪些反思，或者它们从哪些方面拓宽了你的教学思路？

第1章
一扇小黄门：在学前班里化问题为项目

老师：妮科尔·查斯（Nicole Chasse）
　　　约翰·沃克（John Walker）
孩子：阿梅莉亚（Amelia）
　　　艾娃（Ava）
　　　贝特尔（Betel）
　　　德乔伊（Durjoy）
　　　哈基姆（Hakim）
　　　萨扬（Sajan）
　　　塔玛（Tamar）
　　　威廉（William）

这篇学习特写的故事发生在学前班教室的游戏区里。你会了解到两位老师如何把学生之间的冲突转化成学习的动力，以此促进学生的合作探究、社交与艺术发展，以及提升其数学推理能力。

在爱德华·迪沃申学校（Edward Devotion School）[①]，妮科尔·查斯班上的孩子很喜欢在积木区玩耍。为了让卡车玩具减速，他们一遍又一

[①] 爱德华·迪沃申学校位于美国马萨诸塞州的布鲁克莱恩镇，是当地最大的一所从幼儿园到八年级的学校。该校共有700多名学生，其中大部分是英语非母语者和需要社交与情感支持的学生。——作者注

遍地搭建结实的坡道；为了让木制的动物玩具有个家，他们乐此不疲地盖房子。然而唯一的问题是，大家都抢着用一扇黄色的小木门。一个名叫德乔伊的孩子解释说："小黄门比小红窗好，因为它高高的，小黑马可以直接穿过去。可问题是我们只有一扇小黄门，大家都想自己用，不想分享。"就这样，小黄门引发了许多争吵。

妮科尔受够了孩子们因为一扇门吵个不停。于是，一天早上她问哈基姆、德乔伊和萨扬："如果没有这扇门，积木区会不会更有意思？你们总是为了这扇门吵来吵去的，都没办法好好玩儿了。"

男孩们并不愿意失去这扇小黄门。于是，他们主动提出去找其他解决方法。

"我们可以再多买几扇门！"一个男孩大喊。妮科尔解释说，这个办法需要钱，但是他们没有钱。然后，她鼓励孩子们继续开动脑筋。

"我们可以多做几扇门！"

妮科尔很认同这个想法。她的脑海中浮现出许多与之相关的学习机会和挑战。于是她问男孩们："怎样才能把门做得和小黄门一样好，让大家都愿意使用新门呢？"哈基姆、德乔伊和萨扬提议请助教约翰·沃克来帮忙，因为他对木工很有研究，而那扇小黄门就是用木头做的。那天晚些时候，三个男孩把这个想法告诉了班上其他同学和约翰。大家都对这个想法非常感兴趣。这样一来，一个造门的项目便应运而生了。

计划阶段

以前，我们做的木工项目都是助教约翰·沃克设计的。但这一次，我们在行动前自己制订了计划。——阿梅莉亚孩子们想要做一扇和他们喜爱的小黄门一模一样的门。这种内驱力给了他们学习新知识的机会，还能帮他们建立几门课之间的关联——学前班阶段的课程包括艺术、英语和数学。鉴于孩子们已经做过不少写生练习了，约翰建议对此感兴趣的学生在仔细观察小黄门之后，画一张门的草图或写一份造门计划书。然后，他就可以用这些草图和计划书来制作门的"部件"。孩子们会协助完成接下来的步骤——抛光、选择颜色和上漆。

8个孩子主动报名撰写计划书。一些学生在纸上随性地画着草图，而另一些学生，比如塔玛，则选择用尺子精确测量原来的门，以找到它确切的尺寸（见下图）。塔玛的做法激励了同伴，其他孩子也开始使用尺子。于是，约翰借这个机会引入了长度和宽度的概念。最后，他们发现这扇门的尺寸是14厘米×10厘米。

"门搜搜"：收集门的数据

在等待约翰制作门的各个"部件"的时间里，妮科尔利用孩子们对门越发浓厚的兴趣，问他们想不想探索一下校园，找一找其他类型的门。孩子们特别喜欢这个提议。这个提议不仅直接与他们的兴趣挂钩，而且正如艾娃后来所说的，他们还能去"学前班小朋友通常去不到的地方"。妮科尔建议孩子们数一数并记录他们看到的各种门，但她并没有告诉他们具体的记录方法。

于是，每个孩子都拿着写字板、纸和铅笔记录信息。妮科尔和约翰则轮流跟着小组，为孩子们拍照或录视频，记录下不同的门和孩子们的观察。

从孩子们的标注和记号中能看出他们对门的观察各不相同，也能看出他们发明了各式各样的方法来记录数据。

一些孩子按时间顺序记录下看到的门，另一些孩子则记录了具有相同特征的门的数量，还有一些孩子写下了他们观察到的信息。萨扬记录了他的对比："红色的和非红色的门，双开（门）和单开（门），（门上）有东西和（门上）没有东西。"（见左下图）

在其中一组中，阿梅莉亚（是她想出了活动的名字——"门搜搜"）把她发现的所有门都画进一张表。在全班分享环节中，其他孩子对阿梅莉亚的方法赞不绝口。于是，等到第二天另一组开展这个活动时，组员们也在纸上画出了类似的图表。

整理和分享数据

在查看孩子们收集的数据时，妮科尔和约翰注意到他们很自然地开始辨识门的不同属性。计算、描述、比较可测量的属性以及为物体分类，都是学前班的数学课程要重点培养的能力。因此，两位老师找到了学校的数学教学专家博斯女士，向她请教如果要深入培养这些能力，他们应该怎样规划接下来的教学环节。第二天，妮科尔、约翰和博斯女士向全班同学提出了一个挑战："你们能不能只选择门的一个属性，然后根据这个属性来收集一组新的信息？"

博斯女士给每个学生一张白纸，并向他们展示如何绘制图表。接着，她重申了刚才提出的问题，并用他们之前收集的数据（尺寸、颜色、材料、独特之处，等等）举例说明"属性"的含义。在用写字板和方格纸开工之前，每个孩子都挑选了一个自己想要研究和记录的属性。塔玛、萨扬、艾娃和阿梅莉亚决定记录门的颜色，而伊森选择记录门的尺寸。

在孩子们收集完颜色和尺寸的数据后，妮科尔带他们去四年级的走廊看了看四年级学生制作的"落叶数据"图表。她指出这些图表是如何清楚地告诉大家在特定的几周里哪些树的落叶最多，哪些树的落叶最少的。学前班的孩子们注意到，四年级学生用标签和图表来标注树的种类、观察的时间段和落叶量。于是，妮科尔向大家提出了一个新的挑战："我们能不能把收集到的所有关于门的信息汇总成一张大表，然后展示给学校里的其他人看？"

孩子们欣然接受了挑战。妮科尔在走廊上协助一些小组开展工作，而约翰则留在教室里帮助其他人。妮科尔让第一组的五个人做出两个选择，第一个选择是单独工作还是与同伴合作，第二个选择是用大方格纸还是用大白纸。萨扬和塔玛决定将他们的数据合并到一个表中。没有参加"门搜搜"活动的贝特尔与参加了活动的艾娃合作，把她的数据转化为画在大方格纸上的图表（见下图）。德乔伊决定一个人工作。接下来，我们跟随艾娃和贝特尔，看看她们都做了些什么。

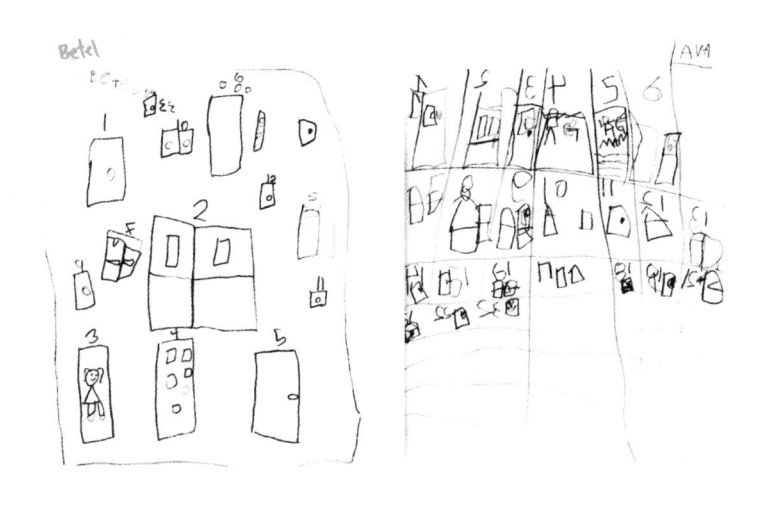

艾娃似乎已经理解了图表的概念和用途。她向贝特尔解释说："有一些线会横着走（指的是纸上的横线），还有一些线会竖着走。横线和竖线的中间可以写东西。如果没有格子，只是一张大白纸，就会变得很乱。"然后艾娃分享了她的策略："我正在抄这里（指的是她的数据收集单，上面记录了门的颜色）——紫色、绿色、黑色和桃红色。"（艾娃指着她在数据收集单顶部记录下的颜色）妮科尔问艾娃打算用这些记号笔做什么。艾娃先看着妮科尔，然后看着贝特尔，想要确保贝特尔理解她的计划，说："我们要把这里（指的是数据收集单）记录的多少扇门画到那里（指的是图表纸）。"妮科尔对这一组的计划很满意。现在她要去帮助萨扬和塔玛。他们还不知道从哪里下手。

很快，走廊上就充满了小组内、小组间的讨论声。萨扬和塔玛发明了一个数数游戏，要一直数到100。突然，德乔伊急匆匆地跑过来问："'big'……是'b-i-g'吗？"萨扬点头。然后，德乔伊又急匆匆地跑回去告诉阿梅莉亚"big"怎么拼写。与此同时，艾娃和贝特尔正深入协商她们要共同完成的任务。

在填完代表紫门数量的那一列后，艾娃对拿着绿色记号笔的贝特尔说："涂三格，可以吗？"

贝特尔不同意："不要。我想在这里涂。"贝特尔还不明白她们小组涂色的真正目的。贝特尔似乎有一个完全不同的涂色逻辑。艾娃换了种说法："我的意思是，把这条绿线上的三个空格涂上色。这样可以吗？"

贝特尔好像同意了，然

后开始在艾娃指的地方涂色。

艾娃可能意识到了贝特尔刚才做出了妥协，于是她赶紧鼓励小伙伴："天哪，贝特尔，你涂得可比我好太多了。"一丝不苟地涂完一个绿格子后，贝特尔合上了绿色记号笔，表示她完成了这项任务。艾娃继续用鼓励的口吻对她说："现在你可以涂完剩下的两格了，对吗？"

贝特尔的回答让人有点儿捉摸不透："我涂了一扇门（指着她刚刚涂完色的地方），现在我们还要再涂三扇。"说完看也没看，就随手抓起一支新的记号笔，开始在刚完成的绿格子下面涂色。艾娃立马尝试了另一种解释："我有个想法，贝特尔！"艾娃把她的数据收集单拿给贝特尔看，说："不要数紫色了，我们刚才已经涂完紫色了。沿着这条绿线，你只需要在这条绿线上再涂两格就可以了。"

贝特尔还是不太明白这背后有什么样的规律。她友善地问："那我可以涂红色吗？"艾娃开始四处寻找妮科尔的身影，可是妮科尔已经回到了教室。看样子，艾娃好像已经放弃向贝特尔解释图表的概念了。于是她采取了一种更直接的方式，说："不不不，你需要再涂两个绿格子。"贝特尔听从了艾娃的指示，没有再多问什么。艾娃则继续监督她完成涂色的工作。

过了一会儿，艾娃接替贝特尔的工作在表格上涂了两个黑格子。这两个格子代表她在"门搜搜"活动中找到的两扇黑门。紧接着，贝特尔自告奋勇想要涂蓝色。艾娃告诉她："不行啊，你不能涂蓝色，因为我的表上没有蓝色。"

贝特尔睁大了眼睛，似乎明白了她们到底在做什么："哦！因为没有蓝色的门？""同频"的瞬间，两个女孩都兴奋得不得了。然后，她们又一起看了一遍图表。听到艾娃说出不同颜色的门和对应的数量，贝特尔在一旁大叫："现在，我终于明白啦！"

图表上就剩下桃红色的门那一列还没涂色，两个女孩同时伸手去拿橙色的记号笔——篮子里最接近桃红色的笔。她们心照不宣地各自拿起一支笔，一边给最后一个格子涂色，一边窃窃私语，大笑不止。

随后，妮科尔和约翰查看了孩子们的成果，以及小组合作时的录像。他们从中捕捉证据，确认每个孩子对数据收集以及将数据转化为图表的理解情况，并判断还需要进一步做哪些指导。

大"门"告成

根据孩子们的设计，约翰制作了六套木门部件，每一套都包含门和门框。然后，学生分组进行抛光和上漆。尽管每个小组确定颜色的过程不尽相同，但都是经过民主协商的。两人合作的小组倾向于彼此妥协，一个人选门的颜色，另一个人选门框的颜色；人多的小组则会用"剪刀石头布"或投票的方式做出决定。

造门项目的深远影响

在造门项目结束几年后，妮科尔邀请了几位学生反思他们的那段经历。学生似乎都意识到，这个与众不同的项目比其他学习活动更令人记忆犹新。贝特尔很喜欢这个项目，因为它让自己学着慢下来，把所有精力放在探索一个主题上。"我们没有慌慌张张地往前赶，只是跟着自己的节奏慢慢来……，我们通常必须兼顾好多其他的事情，而那一次我们只需要关注和门有关的（新）东西就好了。"

在造门项目中，许多学生最喜欢的环节是到校园的各个角落收集数据。然而，德乔伊的最爱却是"后来，没有人再为那扇小黄门而争吵了"。妮科尔非常赞同他的说法，因为她切身地观察到班级里少了火药味儿，多了互助与和谐。

造门项目带来了多方面的好处。它不仅直接满足了孩子们想要给积木区增加几扇玩具门的需求，还提供了一系列与学前班课程标准直接挂钩的学习机会。在艺术方面，学生练习在二维和三维空间中表达自己的想法，学习如何调色，并尝试使用各种材料。通过小组合作，在班会上分享想法和数据，他们大大提升了口头表达与写作能力。孩子们对精确度的追求引导他们学习测量和维度的概念，也为妮科尔引入其他数学能力打开了一扇门，比如，描述和比较不同属性，将物体分门别类并计数，以及辨识和描述形状。

不仅如此，这个项目还产生了更深远的影响。这批学生从学前班毕业后，他们制作的门便留下来造福学弟学妹们了——他们将由于自私自利引发的冲突变成一份慷慨的馈赠。

我妹妹现在正在玩儿这些门呢。——阿梅莉亚

第 2 章

春池①：七年级学生调查与保护本地自然栖息地

老师：曼迪·洛克（Mandy Locke）
　　　马特·利夫（Matt Leaf）
学生：七年级学生（2008 届）

这篇学习特写将会介绍一位英语老师和一位科学老师为期一年的跨学科合作教学。这项走入自然栖息地的探究活动旨在帮助中学生提升写作能力、科学推理能力和公民意识。

曼迪·洛克和马特·利夫分别是四河特许公立学校（Four Rivers Charter Public School，以下简称四河学校）②七年级的科学老师和英语老

---

① 春池（vernal pool）是一种季节性湿地，夏秋较为干涸，冬春则蓄有雪水或雨水。这里没有鱼类，因此为一些虾、两栖动物和昆虫提供了生长的机会。——译者注
② 四河特许公立学校是一所从七年级到十二年级的公立学校，位于马萨诸塞州格林菲尔德市（人口约为 17400 人）。学校有 200 名学生，其中 21% 的学生受惠于免费或优惠午餐计划。它是一所探险式学习（expeditionary learning）学校，以探究式课程为特色。想要获取有关探险式学习的更多信息，请访问 https://eleducation.org。——作者注

师。他们带领学生编写了一本湿地图鉴：《春池中的生物：图鉴和民间故事》。从这本图鉴中我们可以得知，鳃足虫，也就是通常所说的丰年虾（fairy shrimp，如上页图所示），"拥有晶莹透亮的身体"。因为身体可以折射光线，所以丰年虾的颜色会在黄、绿、蓝和红之间交替变换。这本图鉴详细地解释道，这些微小的生物以细菌、原生动物和落叶的碎屑为食，同时也为一系列捕食者提供食物（见下图食物链）。由于体型微小，天性神秘，丰年虾鲜为人见，哪怕是经常去新英格兰森林的徒步者也很少见过它们的踪影。

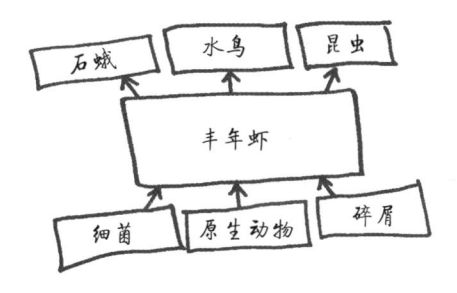

这本图鉴还介绍说，丰年虾是一种"专性物种"（obligate species）[1]，只能在春池中存活。在美国北部的森林中，这些短暂存在的水体为生态系统做出了很大贡献。一些蛙类和蝾螈（以及丰年虾）可以在其中产卵，而免受栖息在湖泊和池塘中的鱼类的威胁。水体中是否有丰年虾，是衡量和证明它是否是春池的关键标准之一。

春池探险之旅

五年前，曼迪去听了采用探险式学习的其他老师的分享。这些老师来自缅因州波特兰市的国王中学（King Middle School）。受他们的启发，曼迪邀请马特和她合作开展一个跨学科项目，让学生在冬末春初这

---

[1] 专性物种指只有在特定的环境中才能生存繁衍的物种。——译者注

段时间创作一本和自然世界有关的图鉴。反思这个项目时，曼迪和马特对学生的成果做出了很高的评价，但觉得美中不足的是，孩子们似乎没有与这个话题建立情感联系。对学生来说，这个项目仅仅是需要在学校完成的任务，除此之外似乎并没有其他意义可言。

为了迭代出新的项目，曼迪和马特把32名学生（四河学校七年级有两个班）全都召集起来。这是这些学生在四河学校的第一年，曼迪和马特知道他们对"探险"这个概念并不熟悉，因此他们仔细思考如何让学生对这种集体的、跨学科的、基于现实世界的项目产生兴趣。于是曼迪说："你们可能听说过动物探险。在过去的教学中，你们的学长通过这个项目成了研究濒危物种的行家。去年我们还制作了一张关于康涅狄格河谷野生动物的光盘。"

马特接着说："今年我们希望大家能把专业知识运用到实践中。我们想把重点放在一个特定的地方——每年春天在高地公园（Highland Park）形成的春池。虽说格林菲尔德有几个春池，但没有一个是经过州认证的。希望你们能通过自己的研究来保护这片湿地。我们还想制作一本图鉴，让人们对春池产生更大的兴趣，也便于他们拿到树林里使用。"

在这个为期四个月的项目中，学生要做的是让高地公园的春池获得州认证（需要进行深入的数据收集工作），并制作一本湿地图鉴。为了完成这本图鉴，大家需要以个人、小组和整个团队为单位不断修订和反馈。用学生的话来说就是"和朋友们碰撞出思想的火花""友好地辩论""大量修订""找虫子"和"去外面玩儿"。

数据的收集与研究："这是什么？"以及"你怎么证明？"

学生总共去春池考察了八次。第一次去考察的时候，地面上还有积雪，他们看到了湿地里的水是从哪里来的。他们还装了一立方米的雪带回学校，想弄清楚这些雪融化后能产生多少液体。

之后的几次考察学生把重点放在了解春池和里面栖息的生物，以及收集获得州认证所需要的数据上。马萨诸塞州渔业和野生动物部曾制作过一份数据采集清单，列出了认证春池需要的所有信息。学生可以直接根据这份清单来记录数据。教室里有一张原始清单，而学生在探险考察时会带上复印件。

在考察的过程中，七年级的学生借助捞网经常能找到一些令他们无比兴奋的东西。他们找到曼迪和马特，将自己发现的蛋或蝾螈给两位老师看，声称自己发现了符合认证标准的重要数据。对此，老师们总是会反问他们："你是怎么知道的？"以及"你怎么证明？"

学生用数码相机拍下关键的发现，并提供证据。这些资料不仅是给没能参加考察的同学看的，也是提供给政府机构的。回到教室后，他们通过研究来回答"你是怎么知道的"这个问

题，比如弄明白某学生找到的生物到底是划蝽还是水蜘蛛。

学生分两组考察，一组上午去，一组下午去。这样一来，他们就能通过对比两组数据来验证测量的方式，并确保收集的数据准确完整。两次考察间隔两个小时，其间湿地温度会显著上升，这会改变青蛙和蝾螈的行为（冷血两栖动物会随着外部温度的上升而变得更加活跃）。

四月下旬的一天，第一组学生（当天早些时候去考察了湿地）告诉第二组学生，湿地里没什么动静。而第二组学生到达时，听到了树蛙求偶时发出的刺耳鸣叫声。后来，曼迪无意中听到两个学生猜测这种情况是水温上升导致的，便赶紧记录下这个误解。在接下来的考察中，曼迪和马特要求学生分别测量湿地里空气与水的温度。测量结果显示，尽管在一天中气温变化很大，但水温相对稳定。

"能量从哪里来？"

另一个误解与春池中的能量有关。另一次考察时，曼迪无意中听到劳拉、加勒特、卢茨和阿梅莉亚的疑问："为什么湿地没被落叶填满？"

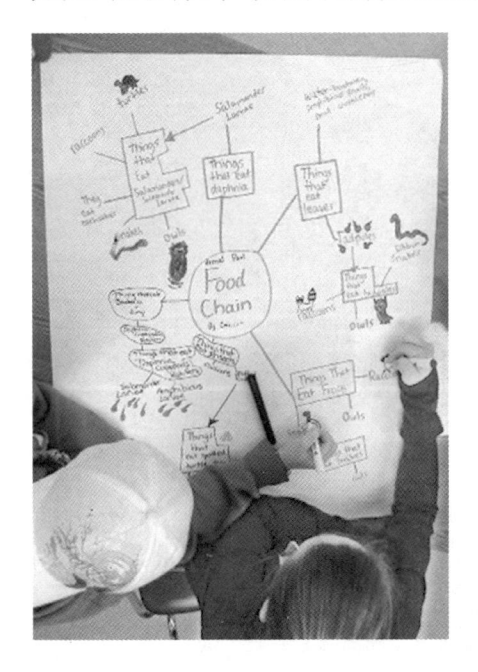

在放学后的例行复盘中，曼迪跟马特提到这段对话。他们想知道学生是否理解了树叶在湿地生态系统中的作用，以及这个疑问是否可以作为学习食物网（七年级科学课程标准的一部分）的切入点。

曼迪问全班同学："既然没有水流入湿地，那维持生命的能量是从哪里来的？"学生立刻回答："太阳。"尽管太阳是能量的根本来源，曼迪还是想让他们了解青蛙、蝾螈和其他动物获取能量的过程（例如，动物是通过吃储存了太阳能量的植物，而不是直接吃太阳而获得能量的）。为了帮助学生更好地理解春池的能量转化机制，曼迪发给他们一篇关于食物网和食物链的阅读材料。然后，她要求每个小组在海报纸上绘制能量流动图。除此之外，为了制作图鉴，每个学生都需要针对自己研究的特定物种单独制作一张能量流动图。

制作湿地图鉴

算上词汇表，《春池中的生物：图鉴和民间故事》共有156页。它包含35个物种的民间故事、科学描述以及水彩画。其实最令人叹服的并不是书的厚度，而是其中详尽的科学信息、高质量的文字和精美绝伦的水彩画。

曼迪和马特搭建好图鉴各部分的结构，以便学生进行小组合作。这样的合作会促进个人学习和小组学习。为了描写每种动物的体貌特征，整个小组事先浏览了各种各样的图鉴。学生发现大多数图鉴都很无聊且缺乏见解（这是七年级写作课程的重点）。学生最喜欢的是著名的"斯托克斯系列图鉴"（Stokes guides）。参考这套图鉴以及前几年学生做的图鉴，全班制定了一份体貌特征描写评价量表，包括内容的科学性、词汇、句子流畅度、见解、组织结构和写作手法等标准。

尽管如此，很多初稿还只是罗列外貌特征。这些描写很准确，但就是读上去感觉很无聊。每次写作课，马特都会在下课前留出时间让学生互相提供反馈。根据制定的量表，同学提出的建议包括在描写中突出动物不寻常或不为人知的信息，使用反问句来吸引读者等。

在读他人作品的过程中，学生对其他物种有了更多的了解，例如，"嘿，我的动物会吃你的动物！"通过这些新发现，他们又能描述得更具体（例如，把原本更宽泛的概念"鸟"改为"苍鹭"）。

经过多次修改后，很多描述变得绘声绘色。《呼吸空气的蜗牛》这一页是这样开头的："你见过雄性蜗牛或雌性蜗牛吗？我打赌你绝对没见过，因为蜗牛没有雄雌之分。它们雌雄同体！"在关于蓝点钝口螈的介绍中，有一句充满调侃的描述："你的腿如果被砍断了，会长出新的腿来吗？如果你是一只蓝点钝口螈的话，答案就是肯定的。"除此之外，学生还介绍了蓝点钝口螈的奇特防身术——尾巴后面的腺体会释放有毒气体。对丰年虾的描述则以一个谜题开始：

> 它到底是黄色的、绿色的、蓝色的还是红色的？它各色兼具。丰年虾的身体晶莹透亮，因此可以折射周围的光线和颜色。这就给人造成了丰年虾有各种颜色的错觉。

绘制动物的水彩画也遵循类似的流程。在小组会议上，成员们讨论了如何画出不同的效果，例如，纹理和质感。在个人工作时间，不善于绘画的同学可以利用这个机会向班上公认的画画能手（通常不是最擅长写作的学生）求助。最后，这些插图看起来逼真又精美。

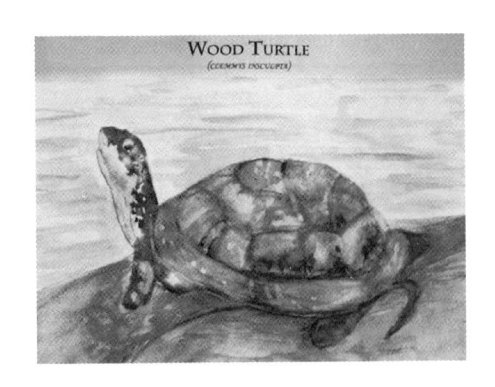

随着图鉴的制作接近尾声，学生组织了不同的委员会来设计封面、编写词汇表、用电脑软件排版，并出版了这本书。

从湿地到湿地保护区

学生收集了一系列宝贵的数据来证明这片湿地需要得到保护。他们确定并提交了这片湿地的确切位置，以及地形图和行政区划图。他们还提供了各种测量数据（长度、宽度和最大深度）、湿地周围环境的概况以及专性物种存在的数据。其中，踪迹难寻的丰年虾的照片是决定性证据。2009 年 2 月 3 日，《格尔林菲尔德记录者日报》(*Greenfield Recorder*) 发表了一篇名为《州春池认证成功：从一份学生报告开始》的头条文章。这篇文章介绍了四河学校七年级学生如何凭借一己之力，让马萨诸塞州决定保护这块湿地，使它免受城市开发的影响。

这本图鉴被捐赠给了当地的公共图书馆。目前它已经被借阅了 15 次。借阅者中有一位一年级老师，她用这本书启发自己的学生记录并画出当地的野生动物。

回顾与反思

《春池中的生物：图鉴和民间故事》出版四年后，其中的六位作者（现在上十一年级）聚在一起讨论那次学习经历，回忆制作这本图鉴的艰辛和成就感。六个人都记得在报纸上读到那篇头条文章时，自己有多么自豪。其中一个说："我妈妈把那篇文章复印了好几份，寄给了全家人。"他们也记得发现丰年虾时的兴奋。大家惊讶地意识到，这个项目竟然在他们心中留下了如此深刻的印象。

六位学生都表示他们以前从没做过类似的项目，不管是项目深度还是合作方式都是前所未有的（"来四河学校以前，我只会坐在座位上自己学习"）。因为这个项目的价值（"我们正在学习做一些事情来帮助我们的家园"），也因为有各种各样需要行动起来的任务（"不只是坐在桌子前读课本"），学生尽管缺乏经验，还是齐心协力完成了项目。他们指着图鉴说，这就是项目成功的证据。

这个项目之所以能取得成功，并不是因为它简单。好几位学生都提到在画水彩画和写作方面遇到了很多困难。但最终，他们"创作出的作品远远超出最初的期待"。

曼迪和马特的反思与学生的看法不谋而合。曼迪相信"这个项目的魔力在于大家齐心协力让湿地获得认证"。她见证了七年级学生的改变：

一开始他们说"我们要去做考察作业了"，后来他们说"我们要去湿地了"，最后他们说的是"我们要去我们的湿地了"。曼迪觉得春池的大小很适合七年级学生考察。在前几年的教学中，学生考察的自然环境范围更大，如康涅狄格河谷。把关注点缩小到春池"刚刚好"。

　　马特回想起项目进行中的一个瞬间。那时候尽管任务艰巨，但"有一瞬间我感觉自己并不是在工作。学生斗志昂扬的样子、他们在写作上的进步、他们的自信，还有他们之间的朝夕相处，这些都源源不断地给予我力量"。令他特别自豪的是，每一个学生都为这本图鉴贡献出了自己的力量，哪怕是那些在学习和情感上需要很多支持的学生也欣然接受了挑战。整个团队激励了他们，给了他们力量。马特还指出，这些学生在十年级时参加了州政府要求的科学和英语测试，成绩名列全州榜首。

第3章

何为"伟大":在 AP① 文学课上协商不同观点

老师:琼·索布尔(Joan Soble)
学生:亚历克斯(Alex)
　　　阿玛利娅(Amalia)
　　　乔纳(Jonah)
　　　利亚姆(Liam)
　　　欧文(Owen)
　　　塔利亚(Thalia)
　　　维奥莉特(Violet)

这篇学习特写详细叙述了一位 AP 英语老师引导十一年级和十二年级的学生深入挖掘有关人类"伟大"的本质的故事。通过参与并反思学生的谈话,这位老师不仅提升了话题的复杂性,也让每个人对这个话题有了更深刻的认识和理解。

塔利亚:　我好像有点儿晕了,因为……我刚听了你们的观点,但

---

① AP 是 Advanced Placement 的缩写,全称"大学先修课程",是由美国大学理事会为高中生开设的具有美国大学水平的课程。AP 课程共有 38 门学科,分别对应 AP 考试。一些大学在录取时会参考学生的 AP 成绩,通过 AP 考试的学生也可以申请免修相应的大一课程。——译者注

现在我不知道……我明白有人认为伟大不是人人都能做到的，然后维奥莉特说有些人……一个普通人也可以伟大，比如说清洁工。我现在想整理一下大家的思路，因为我不太懂为什么……为什么你们不觉得……人生而伟大。

维奥莉特：我觉得，嗯，每个人都有自己的想法。

塔利亚：　我可能需要（把我想说的）写下来。

塔利亚和维奥莉特就读于剑桥林奇与拉丁学校（Cambridge Rindge and Latin School）①。她们两个人都选修了琼·索布尔老师的十一年级和十二年级英语文学与写作课（这是一门 AP 课程）。在一场苏格拉底式研讨会②上，全班学生正在如火如荼地讨论着约翰·西尔伯（John Silber）③的《美人鱼和美丽辉煌》（*Of Mermaids and Magnificence*）。这是约翰·西尔伯校长在波士顿大学 1986 年的毕业典礼上发表的一篇毕业致辞。他想向学生传达这样一条信息：人人皆可伟大。这篇演讲稿赋予了文学至关重要的作用，那就是它可以帮助人们用伟大来回应生活带给我们的挑战和机遇。

在读《林肯与劲敌幕僚》（*Team of Rivals: The Political Genius of Abraham Lincoln*）这本书时，琼意识到"伟大"是一个很好的学习话题。她认为这个话题对高中的高年级学生来说至关重要。这群即将成年的学生正满怀期待地规划着自己的未来。可是在这个纷繁复杂的社会中，人们常常把伟人和名人混为一谈。琼希望学生对"伟大"的深入思考，能帮助他们塑造对自己的期待和对他人的态度。

与大多数高中 AP 课堂上的学生相比，琼的学生背景更加多元。剑

---

① 剑桥林奇与拉丁学校是一所位于马萨诸塞州剑桥市城区的高中，有超过 1560 名学生，其中 62% 的学生是有色人种，28% 的学生的母语不是英语，50% 的学生来自低收入家庭。——作者注

② 苏格拉底式研讨是指针对某一内容进行的正式探讨。引导员提出开放性的讨论问题后，参与者进行论证式对话，以引发更多的批判性思考。——译者注

③ 约翰·西尔伯是美国学者和政治家，1971 年到 1996 年间担任波士顿大学校长。——译者注

桥林奇与拉丁学校是一所位于市区的高中。学校的愿景是去帮助那些长久以来被忽视或者没有机会上大学的学生。因此，校领导和老师鼓励这些学生去选修 AP 课程。为了让大家都参与这个话题的讨论，琼考虑了学生不同的家庭背景和生活环境。对于家庭条件更加优越的学生（研究表明，这些学生在未来很可能获得更高的收入，从事社会地位更高的工作），她希望文学作品中对"伟大"的不同定义可以带给他们多元的视角，例如，为了什么而努力，去帮助谁，去拥护谁，向谁学习，甚至去奖励谁。

在开学的头几周，琼担心某几个"不太典型的 AP 学生"可能会被那些对自己的表达与头脑更自信的学生吓到。比如，她有点儿担心塔利亚。塔利亚是拉丁裔，她的母亲甚至没有上完文法学校。琼也很担心乔纳。尽管乔纳出身优越，但他自认为是"优秀的音乐家"而不是"优秀的学生"。

琼录了一节课想要看看自己是不是在瞎担心，以及接下来需要如何引导学生。视频证实了琼的担心。维奥莉特无比自信地向大家分享了文章的大意，能看出她很好地理解了这篇文章。然而，塔利亚犹豫着要不要表达自己的观点，可能是因为其他同学的理解让她望而生畏。在琼的鼓励下，塔利亚还是分享了自己的想法。但维奥莉特只是把塔利亚的发言当成一个不同的观点，并没有去深究背后的价值。琼想知道塔利亚之前说的"（把我想说的）写下来"是不是反映出她觉得自己说得不够清楚，所以别人没有把她的话当回事。塔利亚的想法与其他学生不同，却很好地响应了西尔伯的主张，那就是我们都有潜力成为伟大的人。塔利亚和琼一样，都希望别人能仔细考虑她们的想法，而不只是点头赞同。在琼看来，学生似乎只满足于听到他人的观点，而不愿意在听到之后重新审视或修改自己最初的想法。

在课程的一开始，琼设想的是全班学生会就"伟大"的本质达成共识。但现在琼更好奇这门课是否有可能帮学生实现认知上的转变。在聆听彼此的想法上，学生好像还停留在表层，并没有试着去理解彼此的观点有何不同，为何不同。在个人想法受到挑战时，"存异"心态阻碍了他们重新审视自己的观点。

此外，学生似乎还未意识到，转变想法或用更宏观的视角与信念重新审视自己的观点，可以提升他们的思考能力。在这次讨论之后，阿玛利娅在学校的在线课程管理系统 Moodle 上发了一个帖子，指出了试图达成共识的难点与潜在作用。

> **10月11日—17日：写在我们的"美人鱼"研讨会之后**
>
> 我同意乔纳和塔利亚的观点。很明显，大家对"伟大"的定义是存在差异的。为了更好地推进我们的讨论，我觉得也许（就像之前有人建议的那样）我们应该试着给"伟大"下一个统一的定义。现在，我们每个人都有自己的想法，试着去达成共识难道不是一件很有意思的事情吗？如果这看起来非常难，我们也可以总结出本文作者认为的"伟大"是什么，然后再基于这个定义展开讨论。

琼跟同事分享了她的困境和学习行为记录（苏格拉底式研讨会上的视频片段和 Moodle 上的反思）。他们会定期开会，研究学习行为记录对小组学习的帮助。在与同事的交谈中，琼逐渐意识到，达成共识不仅是难以实现的，而且也许并没有她想象的那么重要，关键在于学生能够更深入地交流彼此的想法。这就意味着她需要设计鼓励学生深入聆听的课堂活动。

关于"伟大"的访谈

课程开始时,学生每人写了一篇作文。通过阅读这些作文,琼已经知道了学生欣赏谁、欣赏这个人的哪些方面以及原因。塔利亚欣赏那些为他人利益做出自我牺牲的人。她认为伟大是一种战胜苦难的能力,而非智力或其他能力。乔纳欣赏人们在艺术上的造诣。琼不想这些特别的想法被淹没。塔利亚和乔纳的想法分别代表了两种宝贵的品质——为所爱之人争取更好的生活和为艺术献身。

为了让学生更主动地去聆听并深入了解他人的观点,琼让他们互相采访,挖掘出彼此观点的源头。然后,她要求学生把访谈内容写成短文,与全班分享。琼还请了一位同事帮忙录下了整个访谈过程。琼认为,视频更有说服力,能反映学生感性的一面,而且让学生观看录像,还会促使他们更用心地斟酌他人的观点。

从录像和写作中,学生总结出33条和"伟大"有关的信息。他们对每条信息都在一定程度上达成了共识(至少有两个人提到)。最终,大家将这33条信息减少到14条,并用"热度"来代表认可程度——热度越高,则数字越大,代表赞同越多或信息越热门;热度越低,则数字越小,代表异议越多或信息越冷门。然后据此绘制了一张图表。这张图表被称为"伟大热度图"(见下页图)。维奥莉特坚持要增加一个评论栏,因为"相同的评分背后可能存在不同的原因"。

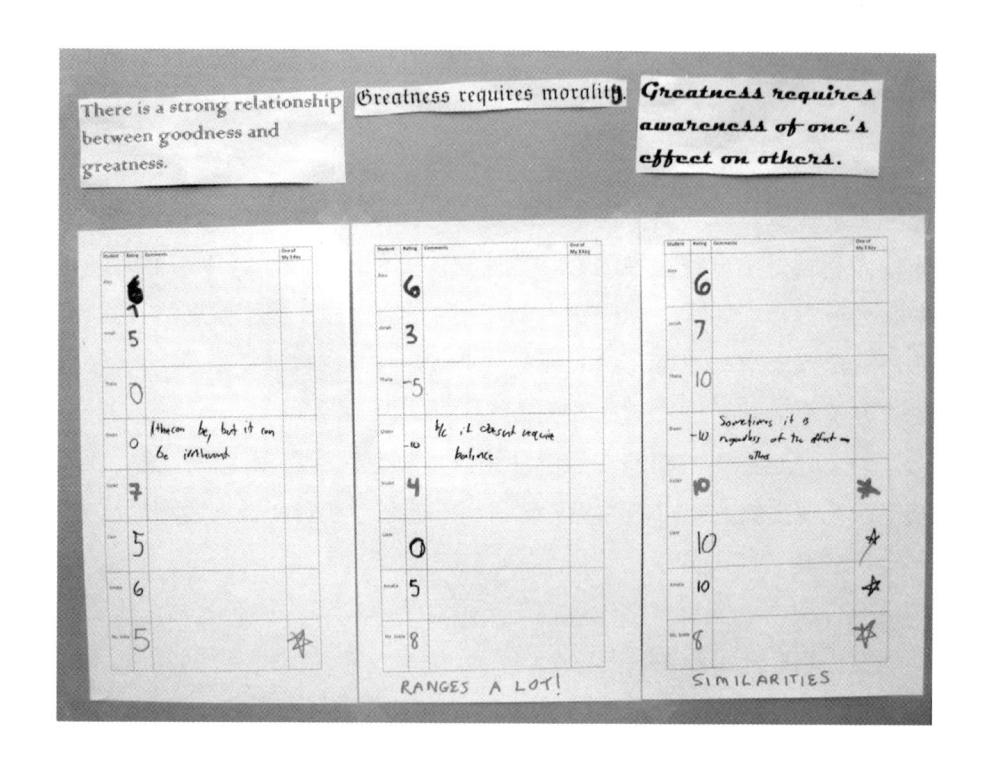

> There is a strong relationship between goodness and greatness.
>
> Greatness requires morality.
>
> Greatness requires awareness of one's effect on others.

    尽管学生愿意重新审视他们达成的共识及其背后的原因，琼想知道他们到底是在澄清思路还是在主动质疑自己的想法。在绘制"伟大热度图"活动结束两天后，琼问全班学生这些关于"伟大"的讨论对他们是否有帮助。负责给这堂课录像的塔利亚第一个举手分享自己的收获。

塔利亚：我觉得这些讨论让我们变得更包容和更开放了，但我们其实并不觉得这个活动帮我们明确了"伟大"的定义。

琼：就刚才你提到的两方面来说，你认为这些讨论背后更具体的价值到底是什么呢？

塔利亚：再谈论"伟大"的话，我们会从更多的角度和层次出发……我们会把它们都考虑到。

利亚姆：我发现可以从越来越多的角度来探讨这个话题。我觉得我们没办法概括出"伟大"的唯一含义。这是不可能的。

乔纳：是的，我完全同意。我的想法变得更开放了。在我们第一次探讨"伟大"的时候……我甚至没有想过"伟大"可以用来描述一个道德高尚、心存善念的人。我以前觉得伟大就是在某方面做得很出色，勤奋努力。但是现在……

亚历克斯： 我正好相反。

琼： 你可以再解释一下你的想法吗？

亚历克斯： 我从没想过"伟大"指的是要在某方面非常出色。

琼： 也许这就是我们在这个项目中最大的收获，因为我们愿意承认人们看待"伟大"的方式各有不同，有的人从品格出发，有的人从成就出发，而有的人会从两方面来看待。虽然我们还不能就这两种方式之间的关联达成共识，但我们都同意它们同时存在。

尽管学生声称自己变得更开放了，琼还是不确定他们是否真的接纳了彼此的想法。于是，她与同事分享了一段塔利亚录的课堂录像。令老师们吃惊的是，学生看起来并不是为了获胜而辩论，而是为了训练自己的思维而辩论。他们不仅宽容大度，还非常从容地面对迷茫与复杂。琼的同事是否正确解读了学生的状态？

在最后一堂课上，琼把这段15分钟的录像分享给了学生。她想看看学生的反应。这段视频引发了下面的讨论。这些反思帮琼获得了对思考与学习过程的新见解，还说明了从多个视角理解自己和他人观点的重要性。

利亚姆： 对我们来说，"伟大"是一个很大的话题……很多老师会抛出一个很宽泛的问题，但这次不一样。老师用了更多的策略，所以我打开了思路。您并没有试着让我们用一种特定的方式去思考或定义"伟大"，而是让我们……去推敲一个概念的本质。最终，每个人都可以坚持自己的看法。

亚历克斯： 在很多课上，你得下功夫弄清楚老师想让你思考什么，这样你才能给出他们想要的答案……可这样一来，你就失去了独立思考的机会。

维奥莉特：还有一种情况是，老师希望学生就某个问题达成共识，这是老师的意愿。可这样一来，学生自己的真实想法就丢失了。

欧文：这门课不仅仅是一门AP课，它教会了我如何思考……这可比备考重要多了。

利亚姆：就像录像里有人说的那样，我们真的开始关注"伟大"了。

欧文：我们每个人都特别投入。对我们来说，"伟大"这个话题越来越重要了。但我觉得更了不起的是，除了探索"伟大"本身，我们还学到了思考的过程和学习的方法……就是怎么从头到尾思考某件事。

琼：其实，这正是我希望看到的。我知道我一直在为大家的讨论添乱。但我希望……你们在混沌中仍能保持清醒，平静下来，让事情变得清晰明了。

塔利亚：我觉得虽然您给我们设置了不少挑战，但我也可以形成自己的观点。尽管我必须考虑别人的观点，但我也可以表达并且坚持自己的想法……

亚历克斯：我觉得老师心中没有（一个特定的）标准答案。您想要的就是我们自己的想法。

琼：是你们给了我灵感。开学的时候，我以为我们可以达成共识，明确"伟大"究竟意味着什么。最后，这门课的真正目标变成让每个人知道自己在想什么，其他人在想什么，以及为什么这样想——这样每个人在认定自己的观点之前都会消化他人的想法。一开始，我还认为我们（这个小班）可能很难迸发出各种各样的思维火花，但我又错了。你们每个人都提供了很多视角。我记得好像是维奥莉特指出的，哪怕大家达成了共识，背后的原因也可能各不相同。那么这个共识到底有什么用呢？因此，就算大家没有达成一致，我还是对你们的学习成果感到

|||非常满意，因为你们每个人都真正理解了彼此的想法及原因。
利亚姆：|索布尔老师，您得想办法让下学期的大班课也形成这样的学习氛围。
欧文：|我们小班人少，所以每个人都有表达的机会，我们必须去挖掘自己的真实想法。但在大班课上，大家很容易保持沉默，这样就无法探索自己真正的想法了。

看到学生作为一个小集体取得了这样积极的进展，琼感到很欣慰。以上对话揭示了他人的思维在丰富个人思维方面所能发挥的作用。琼希望自己在 AP 课上不仅能帮学生备考，还能抽出时间提升他们的理解能力。然而，欧文最后的话让大家都陷入沉思。琼早就开始担心在下学期的大班课上，学生表达想法的机会会减少。欧文的话提醒了她，学生表达想法的机会越少，他们深入探索内心想法的机会就会越少。琼也知道，新学期，新气象——不仅班级会更大，学生也会有所不同。尽管如此，她还是想继续营造类似的学习环境，帮助学生在与他人积极协商中提升自己的思考能力。

第 4 章
了不起的摩天轮跳水：在高中数学课上，让方程式可见、易懂

老师：道格·麦克格莱瑟
（Doug McGlathery）

学生：琼·布鲁内塔
（Joan Brunetta）

诺拉·斯皮尔
（Nora Spear）

这篇学习特写将会介绍两名十年级学生在数学课上的故事。她们通过展示自己的成果让学习可见。在此过程中，她们加深了自己的理解并把知识传递给了别人。

诺拉问老师道格·麦克格莱瑟，能不能让她和琼在走廊上做项目。诺拉和她的搭档琼都是剑桥林奇与拉丁学校的十年级学生。此时道格的交互式数学课（interactive mathematics program）"高台跳水"单元的项目已接近尾声。在经过好几周的研究和努力，已经充分理解了三角函数、一元二次方程和速度的组成要素之后，诺拉和琼得出了一个方程式，可以用来解决这样一个听上去令人毛骨悚然的问题："A 被 B 握住脚踝倒挂在摩天轮上，而摩天轮下面有一辆装着水进行直线运动的车。为了让

A能安全地掉进这辆车中，B应该在什么时候松开A的脚踝？"和之前的课一样，一旦学生找到了正确的方程式，道格就会让他们把方程式写在一张卷轴纸上，以庆祝他们攻克了一个又一个烧脑的难题。

在拿到任务准备开工时，诺拉有点儿小失落。作为高中生，他们不会像小学时那样在走廊上做作业了。对她来说，在走廊上工作不仅很必要（她们最后用来展示方程式的纸足足有七八米长，小小的教室放不下），而且有强大的社交和情感功能。用琼和诺拉的话来说就是：

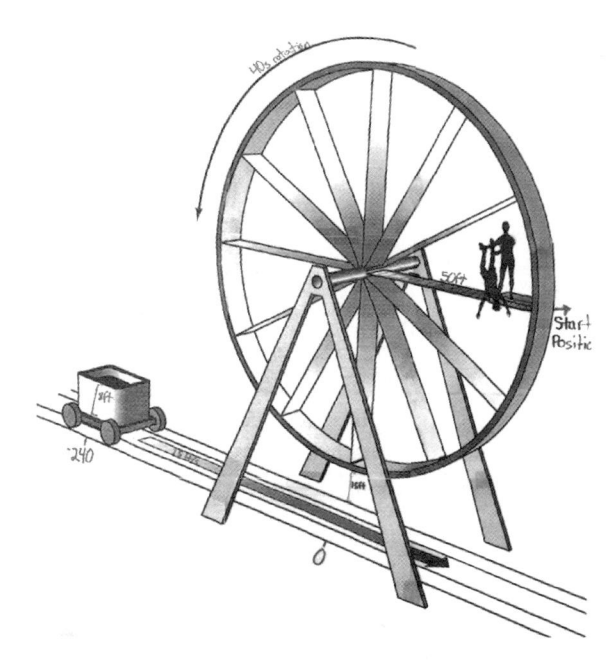

琼： 在高中，我们大多数时间只能坐在指定的座位上，没有什么机会走动。我不清楚四处溜达更有趣，还是在其他方面对我们有帮助，反正就是让我们感觉更舒服了。

诺拉： 以前在走廊上工作的时候，我真的感觉很自在。认识的人经过时还会和你聊上几句，问你在做什么。升入高中后，如果你在走廊上溜达，保安就会说："赶紧去上课。"这两种体验简直有天壤之别。我很怀念在走廊上工作的感觉，那是一种"这是我们的地盘"的归属感。

道格欣然接受了她们的请求。于是，在接下来的几节课上，女孩们就在走廊上进行她们的项目。正如诺拉所料，她们的项目吸引了路过的朋友和其他学生的目光。不过让她俩和道格都没料到的是，在制作展品并公开展示，从而让学习可见的过程中，越来越多的学习机会接踵而至。

展示方程式背后的思考

刚开始写方程式时，琼和诺拉以为这就是一个画画写写的技术活儿。后来，她们发现自己已经不记得大部分推导过程了。她们之前已经算出了每个单独的部分，但一旦把它们组合到一起，她们就记不起每个部分解决了哪个环节的问题。她们需要想办法让大家更好地理解组成大方程式的每个小方程式。于是，她们想到了用不同颜色区分。琼说："数学不像有些科目的内容那样可以烂熟于心。在用颜色做标记的时候，我们相当于又学了一次。这样不仅更容易看到重点，也更容易记住知识。"

尽管用颜色区分的方法最开始只是用来帮助她们记忆每部分分别代表了什么，但她们很快意识到，颜色区分法也能让其他人获益。这无疑给她们的工作注入了新的动力。诺拉和琼现在有了一个更大的目标，那就是制作一张海报。她们还决定在走廊上办一个展览，展示高台跳水问题背后的思考，并帮助其他人理解这个方程式。

> 诺拉：方程式中的每个数字或符号都代表一个和摩天轮有关的元素，比如速度、高度。我们用同一种颜色来代表一个反复出现的元素，也就是说它每次出现的时候都会是那个颜色。后来，我们就可以条件反射地判断"只要是这个颜色，那它代表的就是速度"。这样一来，各个部分之间的关系就无比清晰了。

因为这个方程式又长又复杂，诺拉和琼找不到足够多的颜色来代表每一个元素。于是，在颜色区分法的基础上，她们又采用了一个新方法，那就是用各种样式的下画线来标识方程式的不同部分（见下图）。通过下画线分解法，她们对这个方程式有了前所未有的理解。

$$-240 + 15\left(W + \frac{7.85\cos(9W) + \sqrt{(7.85\cos(9W))^2 + 64(-50\sin(9W))}}{32}\right) = 50\cos$$

琼： 颜色区分法让我们看到了每个部分的重要性和它们彼此之间的联系。通过这个方法，你很容易就能找到一些规律，比如，哪个部分出现得最多，方程式有哪些层次。就像这些下画线……短一点儿的下画线代表它所标识的部分会和一个有颜色的数字相乘，而这些短线还会组成长线，代表着其他含义。它能帮助你理解，比如，最后那个很长的部分就是一个一元二次方程。

诺拉： 最开始做的时候，我们只是稍微分解，一步一步地让它变得易于管理。后来回过头去看的时候，我们已经能客观地问自己："所有这些是如何组合在一起的？不同部分之间有什么关系？"我们以前从没用过这样的角度来思考和理解这个方程式。

Legend

Numbers

- ■ = Starting X position of cart
- ■ = Cart's speed (ft/s)
- ■ = Ferris Wheel's speed (ft/s)
- ■ = Ferris Wheel's angular speed (degrees/s)
- ■ = Wheel time (seconds)
- ■ = 4ac (see quadratic formula)
- ■ = Distance from Center of Ferris Wheel to Cart
- ■ = Radius of wheel
- ■ = 2·a (see quadratic formula)

Underlines

- ■ = Initial Upward velocity of diver (as a function of w)
- ▨ = Distance from diver to cart after w seconds
- ▨ = Falling time for diver as a function of w
- ▨ = Total time (wheel time + falling time)
- ■ = Total distance cart traveled (as a function of w)
- ▨ = Final X coordinate of cart (as a function of w)
- ▨ = X position of diver at point of falling (as a function of w)
- ▨ = Horizontal Velocity of dive (as a function of w)
- ▨ = Divers final X coordinate (as a function of w)
- ▨ = Horizontal distance traveled by diver during fall (as a function of w)
- □ = Time diver should begin fall

女孩们尝试着将复杂的方程式分解成一个个有意义的组块。这种创造力给道格留下了深刻的印象。用他的话来说就是："我觉得她们最后的成果……非常非常了不起，因为采用颜色区分法和下画线分解法都说明她们在用更高级的抽象思维来理解数学概念，而抽象思维正是数学思维的核心之一。"

2.4 米深的水真的够深吗

决定把制作方程式海报扩展为筹办更大的面向学校其他学生的展览后，琼和诺拉便开始加入更多能让人充分理解问题的背景信息。她们画了一个图例来解释颜色区分系统（见49页上图），还介绍了这个方程式要解决的问题（见下图），还在一张示意图上标出了道格提供的关键信息（见47页图），比如，A 自由落体的起始位置、摩天轮的半径（约15米）、摩天轮转一圈的时长（40秒）、车速（约4.6米/秒），以及车上水的深度（约2.4米）。

路过的朋友和其他学生都对她们的项目很感兴趣。大家驻足观看，不停地提问题，偶尔还会质疑诺拉和琼的回答。道格用视频记录了一些这样的互动片段。大家还围绕2.4米的水深展开了一场异常激烈的讨论。诺拉和琼在问题阐述中提到了这辆车装有约2.4米深的水。这个深度能否保护一个从高空坠落的人？因为水深是提前设定好的条件，女孩们不用自己计算，所以在别人提出这个疑问前，她们根本没有考虑过水深是否合理。

朋友的问题激起了她们的好奇心。于是，琼试着回答说："我觉得人在空气和水中是有办法减速的。"但是这位朋友并没有被说服。这让琼和诺拉意识到，在大功告成之前，还有一些问题亟待解答。

道格建议琼、诺拉和他一起去咨询物理老师约翰·桑普（John Samp）。约翰具备丰富的专业知识，也许能在水深问题上给他们一些启发。巧的是，约翰有个朋友曾经玩儿过特技跳水，了解很多从高空扎进浅水池里的技巧以及背后的物理学原理。女孩们一下子就得到了支持她们论点的新论据。

留意观众

在制作展品的整个过程中，琼和诺拉一直试着从观众的视角考虑问题。她们的观众是那些没有上过交互式数学课的高中生。虽然像颜色区分法和图例这样的工具能帮助观众从概念的角度理解问题，但琼和诺拉意识到她们还需要激发大家的好奇心。毕竟，两人在这个作品上投入了这么多心血——她们想让观众真正地读一读上面的内容！从她们的合作中，我们不难看出，两人一组的一个好处就是，她们能互为观众，给彼此提供反馈和建议。

她们俩各有所长。琼比诺拉上过更多的高级数学课程，也有更丰富的数学知识，但诺拉擅长自我觉察和反省，能很好地站在观众的角度审视这个项目，并思考怎样才能把方程式解释得更清楚。

琼： 人们其实不太会留意走廊上展出的东西。我希望大家可以停下来看看，但诺拉更现实……有时候我会（考虑得）很复杂，而诺拉会说"没有人会真的注意到这个的"，然后建议我怎么简单怎么来。

诺拉：对，我就是这样。我总是（说）"没有人会明白你的解说……我们需要的是一目了然"。

她们的核心目标是把信息清晰地传递给观众。为此，两人别出心裁地设计了标题和问题陈述，希望能抓住观众的眼球。为了让问题看起来更具戏剧性，她们决定强调这一点：计算的精确度关乎 A 的生死。

在给她们的最终成果打分时，道格说："我觉得这说明她们明白在将问题展示给观众时，引人入胜是极为重要的。这可能直接……决定了第一印象。"

展览的余温

展览结束后没几天，隔壁教室的预科微积分老师纽扎·德菲格雷多（Neuza Defigueredo）就邀请琼和诺拉来班上分享成果。纽扎很欣赏女孩们的展品和她们的深刻理解，把这次分享会看作一次帮助自己学生学习的绝佳机会，因为琼和诺拉分享的摩天轮的例子，让学生看到了数学和现实生活的紧密联系。就像琼说的那样："我爸爸是一名工程师，可他还是把数学重新学了一遍。虽然他数学学得特别好，但他没有学过要在何时何地应用那些概念。这个（项目的场景）可以让你真正用上数学知识。并不是说我们每天都会坐摩天轮，但至少你知道它长什么样，有什么用途，所以很容易就能想象出与之相关的情景。"

想到要去另一个班分享，琼和诺拉既兴奋又紧张。道格让她们用课堂上的时间准备这次分享。琼和诺拉准备把为展览而制作的大多数材料都带上。女孩们做出的很多教学决策都让道格称赞不已："她们把重要的图纸都带上了，还用便利贴把重要的信息都遮了起来（这样其他学生就需要自己开动脑筋，而不是被动接受）。这真是太妙了。她们的分享很吸引人，令人印象深刻。琼和诺拉从一开始就邀请其他学生一起来推导方程式，并在恰到好处的时间点揭晓便利贴背后的答案。"

最后，琼和诺拉总结出解决这个问题需要理解的所有要点。然后，她们带着同学去看走廊上巨大的方程式横幅。她们指着不同的颜色和下画线来加深同学的认识，还把事先准备好的问题抛出来考大家。

分享结束后，预科微积分班上的同学给了她们热烈的掌声。后来，琼说："做完这个分享后，我才感觉到自己真的把这个问题彻头彻尾地弄明白了。"

纽扎告诉道格，学生非常喜欢琼和诺拉的分享，还问什么时候他们也可以做一个这样的项目。纽扎觉得动力满满，想要找到更多机会让学生应用课上学到的知识。她对道格说："也许下一次我的学生能带着他们的项目去你班上分享。"

第 5 章
"导演你好"：学前班的孩子研究波士顿马拉松比赛

老师：本·马德尔
（Ben Mardell）
雷切尔·布拉金
（Rachel Bragin）
学生：克里斯托弗（Christopher）
罗茜（Rosie）
西蒙（Simon）

这篇学习特写将会介绍两位老师和几个学前班五岁孩子的故事。在老师的协助下，孩子们策划、拍摄、制作了一部关于波士顿马拉松比赛的十分钟短片，并把这部短片分享给了同学、家人和社区。

离首映只剩下四天在校时间了，短片策划委员会的成员——西蒙、克里斯托弗和罗茜还在努力地工作。他们和一位叫亚历克斯的演员正围着摄像机回看刚刚拍摄的镜头。这个镜头显现的场景是，在波士顿马拉松比赛过程中，一架直升机向地上的观众发出信号，提示大家领跑的选手即将进入他们的视野。

克里斯托弗、罗茜和西蒙整个上午都在为这个镜头做准备。他们要设计场景、招募演员，并给演员说戏。

在回看镜头时，罗茜注意到克里斯托弗只给了其中一个演员特写。于是，她提议："我觉得需要多给马库斯和杰森一些特写镜头。"克里斯托弗同意了。他们重拍了一遍，然后回到室内继续策划轮椅选手的镜头。

各就位，预备，跑！

本·马德尔和雷切尔·布拉金是埃利奥特－皮尔逊儿童学校（Eliot-Pearson Children's School）①的两位学前班老师。2004年春天，他们带领18名学前班孩子对波士顿马拉松比赛展开了一次研究。本和雷切尔班上的大多数孩子以前从未听说过马拉松比赛。但是，本非常热爱这项赛事，他希望自己的这份热情能够感染更多人。

比赛开始前的几个月，两位老师（驾车）考察了整条线路，也阅读了马拉松比赛的历史，还针对怎样调动学前班孩子研究马拉松比赛的积极性进行了一场头脑风暴。距离马拉松比赛还有三周，两位老师向孩子们介绍了这个研究项目。从孩子们的兴趣和问题生发而来的活动包括：

---

① 埃利奥特－皮尔逊儿童学校位于马萨诸塞州梅德福市，是塔夫茨大学的一所实验学校。学校设有5个班，共有78名3岁到8岁的孩子。这些学生的家庭有着不同的结构、文化、种族和语言背景。作为一所全纳示范学校，埃利奥特－皮尔逊与各个学区紧密合作，为有特殊需求的学生提供支持。——作者注

在美国，实验学校一般附属于大学或师范院校。这些机构会利用实验学校来做教师培训、教学研究或教学试点等。全纳教育是指把有特殊教育需要的学生安排到普通学校上课，不把他们当作不同的群体来对待。——译者注

- 采访参赛选手，问他们一些问题，比如："你为什么要跑马拉松？"
- 把学校的小剧场改造成运动场。
- 在网上搜集资料，了解参赛选手的姓名和国籍。
- 绕着足球场跑圈，感受 42 公里到底有多长。

"马拉松周一"到了，两位老师、学前班的大多数孩子，还有他们的家人齐聚马拉松赛场。孩子们知道了现场为什么有直升机，他们不停地给参赛选手加油鼓劲儿，观察医护人员治疗一名脱水选手的全过程，还通过广播持续跟进赛况。最后，看到大街上大量被丢弃的水杯，他们感到非常震惊。

短片策划委员会的诞生

一周后，也就是马拉松比赛结束后的第一个周一，老师和孩子们查看了当天的照片和录像。这样做不仅可以让在现场观看了比赛的孩子重温当时的场景，还可以让那些没能去的孩子也参与进来。随后，全班一起出谋划策，讨论如何将他们对马拉松的了解分享给整个学校。经过如火如荼的讨论，孩子们最终决定写一本书、制作一尊雕塑，再拍摄一部短片。雷切尔和本希望孩子们自己推进这个项目，因此他们成立了三个策划委员会，来带头开展工作。了解了委员会的职责后，克里斯托弗、罗茜和西蒙自告奋勇加入短片策划委员会。

在接下来的一个月里，这三个五岁的摄影师将会自由选择时间，每周碰几次面，一起计划、组织和拍摄一些镜头。万事开头难，为了帮他们走上正轨，本想了个办法。他先让全班学生列出马拉松比赛中令人印象深刻的事情，然后在第二天的第一次短片策划会上让克里斯托弗、罗茜和西蒙回顾这份要闻清单。清单上写着：这是一项长跑比赛；跑完全程的人都会得到一块刻着独角兽的奖牌；参赛选手把水杯扔在地上。三个人根据这份清单确定了短片所要呈现的内容。

设计分镜头剧本

很快到了短片策划委员会的第二次会议。他们先一起回顾了克里斯托弗和其他三个同学在年初为了介绍分镜头剧本而制作的一部短片。这部短片一共有四个片段，灵感来自《指环王》。在视频播放器中，本指给他们看缩略图，告诉他们这些图代表着短片的每个片段。为了给孩子们示范导演是如何设计分镜头剧本的，他还为每个片段画了一张草图。接着，他给了孩子们一叠纸，让他们在上面画场景，又给了他们几张长长的蓝色卡纸，让他们在上面布置场景。罗茜问："我们不知道该画哪个场景，怎么办？"本建议她想想短片的第一个片段想呈现的是什么，并鼓励她多与西蒙和克里斯托弗讨论自己的想法。然后本就离开了，让孩子们有需要随时找他。

克里斯托弗、罗茜和西蒙参考了墙上挂着的一张参赛选手热身拉伸图，然后开始分别画选手拉伸的场景。接着，三个人拿着自己的画走到长书架边，那里已经铺好了蓝色卡纸。他们把画好的场景按顺序放在蓝色卡纸上，数了数还剩下多少个场景要画。最后，他们回到座位上讨论下一步要画什么。确定目标后，他们就开始安静地画起来，然后再重复这个过程。

画完选手的拉伸后，西蒙画了一名脱水的选手，罗茜加了一条起跑线，而克里斯托弗画了一架直升机。接着，他们开始画选手们跑步的场景。西蒙的目标是画凯瑟琳·斯威策（Kathryn Switzer）和她身边的跑友。1967 年，凯瑟琳·斯威策成为第一位参加波士顿马拉松比赛的女性。可是，在画的过程中西蒙遇到了挑战。

"她的号码有点儿难画，"西蒙指着照片上凯瑟琳的号码布说，"我不知道怎么写那个数字。你知道怎么写吗？"他问克里斯托弗。克里斯托弗点点头，告诉他数字"6"和"9"的区别。把场景图放在蓝色卡纸上后，克里斯托弗和西蒙数了数剩下的格子。克里斯托弗对他们的进度非常满意，他兴奋地大喊："还有六格！大家加油！"西蒙回到座位上，指着墙上另一张照片宣布："我来画那个坐轮椅的人！"克里斯托弗替他捏了一把汗："天哪！那可有点儿难。"西蒙坚定地说："但我可以的。"罗茜很支持他，说："我来帮你吧！"克里斯托弗被他们的坚持打动了，说："那我们试试看吧！我们一起努力，好吗？"终于，蓝色卡纸上只剩下一格了。"罗茜，我们马上就要胜利了！"看罗茜正在画最后一个场景，克里斯托弗大喊。这最后一个场景展现的是，选手们都非常激动，因为他们终于完成了比赛。克里斯托弗把手搭在西蒙肩上，两人一起数他们画了多少幅画——一共 19 幅。三个人把本叫过来，让他看他们的成果。他们在分镜头剧本的创作上足足投入了 30 多分钟时间。

朋友们的反馈

几分钟后，克里斯托弗、罗茜和西蒙开始向其他 15 位同学介绍他们的分镜头剧本。他们想听听同学们的反馈。阿梅莉亚建议加入地上被丢弃的水杯这个场景。西蒙转过头看了看罗茜和克里斯托弗，想知道他们俩的想法。加布建议他们再加 7.2 个镜头，这样就会有 26.2 个镜头了（马拉松比赛共有 26.2 英里，约 42 公里）。

西蒙问本有什么建议。

本：所有的建议都很不错。不过如果是我，我会调整一下场景的顺序。比如，你们的第一个场景是比赛开始前的拉伸，紧接着是一个脱水的选手，而我会把脱水选手这个场景放在比赛的中间。

埃文：在这里（指着分镜头剧本的中部）？

加布：你是说按时间顺序？

本： 对呀。

西蒙：但是我们想用什么顺序就用什么顺序，因为这是我们三个人的项目。

本： 对，但我知道你们想制作一部有逻辑、别人看得懂的短片。这就是为什么我们需要别人的反馈。

接着，罗茜问雷切尔有什么建议。

雷切尔：我还有一个建议。听了本的建议后，我回想了一下脑海中的画面，但我想不起来在看马拉松比赛的时候，我们先看到的是直升机还是那名脱水的选手。

西蒙： 直升机。

雷切尔：那你们想还原真实的马拉松比赛吗？

西蒙： 不不不，先是坐轮椅的选手，然后是直升机，接着是其他选手。那个脱水的选手是在比赛中间出现的。

在下一次碰面的时候，短片策划委员会的成员们利用全班的反馈调整了场景顺序，"让短片更贴近真正的马拉松比赛"。同时，他们还增加了地上被丢弃的水杯的场景。他们还决定，与其使用马拉松赛场上的真实画面，不如让同学们把场景表演出来。克里斯托弗、罗茜和西蒙以修改后的分镜头剧本作为模板，开始计划、指导和拍摄场景。于是就有了你在这篇学习特写开篇时读到的拍摄花絮。他们三个人在操场上布置了一条跑道，摆放了一张放着水杯的桌子，准备了一辆运送脱水选手到急救点的小推车，还画好一条终点线。拍摄完同学们在跑道上赛跑的场景后，老师协助委员会成员编辑视频，最后剪辑成一段十分钟的短片。对这部短片翘首以盼的同学和家长观看了它的首映。

学习小组惠及周边

加入短片策划委员会给克里斯托弗、罗茜和西蒙带来了积极的影响，对他们的家庭来说也是如此。罗茜家的晚餐桌变成激烈的讨论现场，比如，一家人会热火朝天地探讨怎样拍摄直升机的场景。在克里斯托弗家，这个短片成了大热门，和《指环王》的人气不相上下。在之后每年的波士顿马拉松比赛上，西蒙家都会在 32 公里处观看比赛。在等待选手到来的时候，西蒙会把他和同学写的马拉松小书读给妹妹听。她妹妹转头就告诉朋友，自己的哥哥是个马拉松专家。

家长不仅对孩子的兴奋和投入感到欣慰，也为他们的成果感到骄傲。但这个项目对家长还有着更深远的影响。这些家长表示，短片策划委员会使他们重新思考教育、学习和孩子。罗茜的妈妈黛比开了一家家庭托儿所，主要负责教四岁的孩子。现在她对自己的学生有了更高的期望。她正在尝试时间跨度更长的项目，想让孩子们成为"自我学习的驱动者"。克里斯托弗的妈妈琼觉得："这个项目在我心中会永远占有一席之地。这些刚满五岁的孩子在一起交流、协商和思考，真是让人大开眼界。这个项目一步步推动着他们去学习和反思，他们最终达到了项目的要求。"西蒙的妈妈卡门在教堂做了一场关于耐力的演讲。在演讲中，她提到了马拉松项目——不仅是马拉松选手的耐力，还有这群学前班孩子的耐力。"无论是以个人还是小组形式参与，在这样小的年纪全力投身于一个项目都是非常了不起的事情。"在教小学生意大利语的时候，卡门最乐于看到的就是一节课因为学生的兴趣而朝着意想不到的方向发展。她很感谢老师愿意花时间聆听孩子的声音，她认为孩子能在学习小组中学习和成长是一种幸运。

第6章
关注学生的参与：在四年级教室中支持学生的探究之旅

老师：阿曼达·范弗莱克
　　　（Amanda Van Vleck）
学生：四年级学生

这篇学习特写描写了一位老师对学习行为记录的使用。她循序渐进地利用学习行为记录来促进四年级学生的数学、科学学习，提升他们的合作能力。

四年级教师阿曼达·范弗莱克说："当我看到一个小组，不论它的大小如何，组员们都能自行解决冲突、商讨规则，能在教室里自由走动，还能分享和修改观点的时候，没有什么比这个状态更令我满意的了。"然而，学习小组是需要悉心培养的，需要学生具有主观能动性，能够持续地练习、积极地聆听，还要不失尊重地提出异议，并且关心他人的学习体验。

在过去的七年里，阿曼达都在本杰明·班纳克特许公立学校

（Benjamin Banneker Charter Public School）[1]教四年级。这七年中，她一直在琢磨如何提高学生的参与度，以及怎样才能让学生为自己和他人的学习承担更多责任。她明白，学生积极参与学习不会随随便便就发生。她纠结的主要问题是何时介入学生的学习，何时放手让他们自己去做。阿曼达总是为学生提供在小组中学习的机会，并记录下当时的学习行为。在她看来，这种方式能促成她所看重的以学生为主导的学习。下面的三个小片段展示了阿曼达是如何循序渐进地利用不同形式的学习行为记录来支持小组探究的。

旋转的陀螺

在阿曼达眼中，学生对陀螺的探索"几乎是偶然的"。学校的放学时间[2]大概会持续20—25分钟。那时，所有课程都已结束，老师很难让学生有效地利用这段时间。一直想把学生的选择融入教学的阿曼达有了一个新的想法。她决定把这20多分钟设定为自选时间，让孩子们选择自己想参加的活动，包括画画、玩儿数学游戏和探索不同的材料。

有一天，在自选时间，一群男孩从一堆数学教具中找到了一些小方块——这些小方块经过自由拼插就可以组成不同的形状，便开始用小方块制作陀螺，然后在小矮桌上进行陀螺大战。谁把其他人的陀螺从桌子上撞下去，谁就是赢家。男孩们的玩法引起了大家的兴趣，很快班上超过一半的人都玩儿起了方块陀螺。最初引起阿曼达注意的是孩子们震耳欲聋的喧哗声。阿曼达虽然下意识地想要喊停，但最终还是决定让他们继续玩儿下去，然后在一旁把她看到和听到的信息记录下来。

在阿曼达回头翻看这些记录时，孩子们的对话着实让她大吃一惊。

---

[1] 本杰明·班纳克特许公立学校位于美国马萨诸塞州剑桥市，是一所从学前班到六年级的学校，非常重视科学和技术的教学。学校有超过350名学生，其中92%为少数族裔，82%来自低收入家庭。——作者注

[2] 放学后，学生通常不是自行离开学校，而是等待监护人来接。因此，放学时间指的是放学后学生等待被接走的这段时间。其间，老师需要陪同还没有离开的学生。——译者注

碰撞声、懊恼声、欢呼声和反对声中隐藏着的，是许许多多的发现、解释与进一步研究的冲动。

"我的比你的转得久。"

"那肯定啊，因为你的陀螺比我的轻。"

"我的陀螺太高了，一点儿也不稳。"

"那你为什么不把那个小方块拆掉呢？"

听到学生说自己的新发现，阿曼达深受触动。

"看我的新发明！"

"看我的陀螺旋转时的颜色！"（学生最感兴趣的事情之一就是陀螺旋转时呈现出的新颜色）

"是我和泰肖恩最先这样玩儿的，现在大家都这么玩儿。"

"之前很多人不会转陀螺，现在他们都会了。"

阿曼达在犹豫是继续观望，让学生继续探索，还是给他们一些引导。最终她决定阶段性地介入。她开始以一对一或者小组的形式与玩儿陀螺的学生探讨。大家一起制定了陀螺指南，其中一条就是"禁止陀螺大战"。

阿曼达想知道应该怎样把她的观察分享给学生，以及这种分享会带来什么影响。陀螺游戏背后很明显蕴含着丰富的科学知识，而且学校的科学博览会即将拉开帷幕。于是，阿曼达召开了一次班会。在班会上，她向学生展示了过去几周她拍的一些照片，以及她记录的几段对话：

利昂： 老师你看，这个陀螺上是不是没有紫色？（利昂正在给阿曼达看一个有红有蓝还有点儿其他颜色的陀螺）

阿曼达：是的，的确没有紫色。

利昂： 看好了。（利昂把陀螺转起来，旋转的陀螺变成了明亮的紫色）看！紫色！

阿曼达：这是怎么回事？

利昂： （耸了耸肩）我不知道。

阿曼达：嗯……（阿曼达在等利昂回答，利昂一句话也没说，只是盯着自己的陀螺）

利昂： 我真的不知道。（利昂慢慢走开，又突然停了下来）噢！红色加蓝色会变成紫色！就是陀螺上的这些红色和蓝色！这是美术老师凯尔曼教我的！

阿曼达： 所以你也可以用凯尔曼老师教你的方法调出其他颜色？

利昂： 有可能！我来试试看……等等，我不记得他还教过什么了……

阿曼达： 嗯……也许其他同学记得。

利昂： 对呀！曼纽尔，你还记得怎么调色吗？就是凯尔曼老师教的那些。

接着，阿曼达邀请学生说说他们的陀螺探究之旅，可以描述自己学到的东西，也可以讲讲意料之外的发现。学生绘声绘色地讲述自己的发现和疑惑。与此同时，阿曼达引入新词汇来辅助他们的表达，例如直径（学生说的是"陀螺的宽度"）、轴（学生说的是"中间的那个部分"）和对称（学生说陀螺"每一面都是一样的"）。

在班会的尾声，阿曼达建议大家在科学博览会上展示他们在陀螺探究中学到的知识，并明确表示，如果大家接受这个提议，那么全班都需要参与到研究中来。这就要求全班一起进行一场科学探究，包括确定一个问题，提出并验证一个假设。学生很兴奋，欣然接受了阿曼达的提议。

确定了研究问题和假设后，学生根据个人的研究重点自行分组。一个小组决定继续利昂对调色的探索，他们要研究怎样在旋转的陀螺上"调出"新的颜色；另一个小组决定探索陀螺的直径是否会影响它的旋转时间；还有一组要研究陀螺和其他旋转物体（例如旋转木马）之间的关系。

在接下来的几周里，小组研究顺利开展。学生经常向其他组的专家请教，例如，研究直径如何影响旋转时间的小组提出了一个假设——跟新手相比，资深玩家能让陀螺转得更久，于是他们邀请了班上最有经验的玩家和初出茅庐的新手加入，以此来收集数据。

研究颜色的小组在陀螺的形状上也有了新发现（例如，无论静止时形状如何，陀螺在旋转时总是呈现出球形）。他们打算把对形状和颜色的发现都加到成果里（见下方左边两张图）。

研究陀螺和其他旋转物体之间关系的小组得出的结论是，陀螺和旋转木马都必须保持平衡——轴必须刚好位于中心位置，这样旋转物体才能平稳地旋转，而且每个部件必须紧紧相连，否则在旋转时就会飞出去（见右下图）。

研究结束后，阿曼达心中留下了不少疑惑。明年，她该怎样引导学生进行类似的学习？什么样的材料和例行活动能促成类似的发现？在这一学年结束的时候，阿曼达想："明年，学生的好奇心会被什么调动起来？"她下定决心要好好留意任何能激发学习动力的素材。

所有的手都动起来了：小组合作的标志

第二年，阿曼达尝试用录像来促进学生参与。在教授"电"这一单元的时候，阿曼达让实习老师给一个小组录像。

这个小组由四名学生组成。其中一名学生刚从海地移民到美国来。他英语不太好，经常垂头丧气，在没人搭理他的时候就会默默走开。小组里的另一个学生根本不说话。她拿到需要的材料后，就自己开始埋头干。还有一个学生则拒绝参与小组活动。在实习老师拍摄的录像中，我们只能看到一双手在干活。

过了一会儿，看到孩子们都默不作声，只是从彼此手里抢材料，阿曼达便鼓励他们用语言而不是用手交流。在阿曼达的引导下，这个小组打破了僵局，不仅参与度高涨，而且收获满满。这个时候，我们能看见四双手都参与到活动中来了。

两天后，阿曼达为全班同学播放了这个小组的前后对比录像。她要求学生仔细观察录像开头和结尾的四双手。然后，学生说出了自己的观察，比如，"讨论怎样让灯泡亮起来的时候，在卡蒂嘉说完以后奈莉娅和费思都分享了各自的想法"以及"我注意到卡蒂嘉、费思、斯蒂芬诺和奈莉娅……他们的手都动起来了"。动起来的手成了高效的团队合作和成功的学习小组的共同标志,"所有的手都动起来了"也成了"合作得不错"的代名词。

在此之后,阿曼达继续拍摄其他小组,并把录像分享给全班学生。她选择了一个小组进行文学讨论的录像,然后截取一个三分钟的无声片段在全班播放。这样一来,学生的注意力一下子就转移到录像中同学的行为和身体姿态上。一个学生注意到,录像中同学们的眼睛和肩膀都转向了发言的人。另一个学生注意到,同学们低头看书本,查阅某一页的内容,并互相展示文本中的某些段落。后来,每次小组活动开始之前,学生都会一起回顾积极聆听的要点。

很多学生觉得小组合作很难,阿曼达发现了一个可以帮助他们的方法——经常邀请他们做记录员。通过拍照或录像,他们观察到了积极聆听和使用礼貌用语的正确做法。拍下来的照片和视频也成了他们自己的行为指南。在学年结束时,阿曼达在教室里张贴出小组学习策略,以及学生与五年级老师一起讨论小组合作的对话记录,为新生提供参考。

达尼可的发现:捕捉数学课上的顿悟时刻

尽管录像有助于记录小组学习,促进学生与成人的细致反思,但我们不可能整天无间断地拍摄。有一天,在一堂数学课上,学生正在学习如何把数字按倍数、因数、偶数、奇数和质数来分类。阿曼达用投影仪在墙上出示了一条谜语,让学生分组探讨谜底。

- 我比 10 小。
- 我是一个奇数。
- 我有且只有两个因数。
- 我是 14 的一个因数。(注意!这条线索有陷阱哦!)

看到题目后,迪翁自告奋勇地把百位表上不需要的数字画掉了。就在全班快要得出答案的时候，达尼可发现大家都忽略了一件事，那就是数字 1 有且只有一个因数。这个发现让阿曼达始料未及。遗憾的是，只有极少数学生意识到了达尼可这个发现的重要意义。

一个学习要点就这样溜走了，为此阿曼达那天晚上辗转反侧。她决定让更多学生理解并重视数字 1 有且只有一个因数这个知识点。整整一个学年，阿曼达都不得不带着全班赶数学进度，她担心学生没能批判性地思考问题，更没能积极地审视自己。这让阿曼达非常苦恼。她希望学生意识到：第一，很多看似简单的数学任务背后蕴藏了丰富的思考；第二，每个人既是学生也是老师，都可以从彼此的顿悟时刻中有所收获。于是，阿曼达在 PPT 中加入了一些评论和问题，而这些信息和达尼可的发现息息相关。第二天，阿曼达向学生展示了 PPT（见下面两张图），并称之为"穿越时空，回到那一时刻"。

谜语3

- 我比10小。
- 我是一个奇数。
- 我有且只有两个因数。

迪翁

那么，这些数字里哪个没有两个因数？

9有3个因数：1，3，9！

达尼可

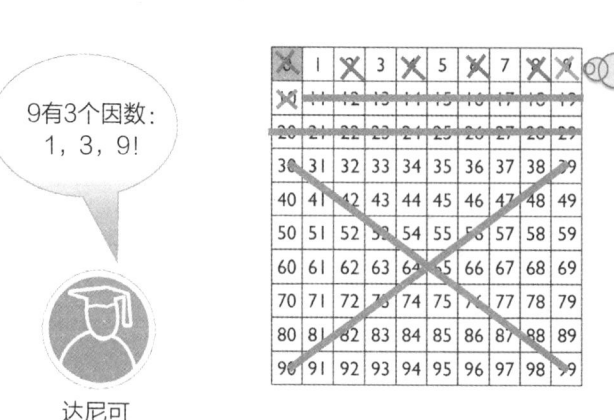

和所有老师一样，阿曼达总是在解读学生的行为。学生行为记录能让主观的解读更精准有力。它让阿曼达的观察以及孩子的学习有据可循。记录方式可谓多种多样，包括手写的笔记、视频片段，还有 PPT，等等。

阿曼达和学生的这些记录，为学生参与个人和小组学习提供了多个切入点。这样的记录在"学什么"和"怎么学"之间架起了一座桥梁，也让当下与未来的学习能从过去的学习中汲取经验。阿曼达认为，留心观察是极为重要的。

现在，我认为我在教学中扮演的最重要的一个角色是记录生生互动、小组游戏和对话的观察者。作为一个观察者，我比以前更主动地去寻找学生行为和语言的规律，去捕捉他们困惑或豁然开朗的时刻，并聚焦于他们的互动和学习体验。我的决定不单单依赖于课程指南或当天的状态，更是基于我通过仔细观察和学习行为记录收集来的数据。我尝试着后退一步，作为旁观者在一旁观察学生如何引导对话与学习，以及他们被什么吸引。这并不意味着我……不知道我的教学目标。这恰恰表明，通往罗马的道路灵活且多样，学生的需求和理解将会决定我们选择走哪一条。

谜语3

- 我比10小。
- 我是一个奇数。
- 我有且只有两个因数。
- 我是14的一个因数。（注意！这条线索有陷阱哦！）

7是14的一个因数，因为7×2=14！

迪翁

但是等等！1也是14的因数！

达尼可

噢！你说得对！我们还需要另一个线索才能确定7就是最终答案。

阿曼达

第二部分

原则与实践

在本书的第二部分，我们将介绍让学习可见的基本原则和实践，并围绕应试和教学问责的背景展开。本部分各章节会以第一部分的学习特写，以及从幼儿园到十二年级参与"让学习可见"项目的老师的实践为讨论基础。虽然我们会分别探讨小组学习和学习行为记录，但两者是彼此关联、互相支持、不可分割的。

请带着下面这些问题开始阅读接下来的章节。

- 你认为学习的本质是什么？这个信念是如何影响你的教学实践的？
- 第 7 章提出的五项学习原则在哪些方面能（或不能）与你的信念联系起来？
- 在你的教学中，哪些地方能体现出这五项原则？
- 在课堂上，你会如何使用小组学习和学习行为记录来更好地支持个人与小组的学习？
- 在你所处的教学环境中，在符合课程标准和明确学习责任方面，让学习可见能够开辟哪些新的可能性？

第 7 章
让学习与学生可见

在你的学生生涯中，是否有过一段让你记忆犹新的学习经历？它也许是你参与的一次服务性学习项目（service learning project）[①]，或是你在辩论赛中提出的一个震惊四座的论点，抑或是你排练的一出话剧。它还有可能是一次取得意外收获的化学实验，或是你和同学共同策划的一次艺术展。几乎人人都有这样难忘的经历，它们将伴随我们一生的成长。

现在请你思考一下：是什么让这次经历如此难忘？可能是课上学到的知识让你受益匪浅，是作为学生的你对自己有了新的了解。也可能是你和同学或老师建立了深厚的情谊，是那段经历激发出种种兴奋与惊喜。这类经历的可贵之处在于，它不仅成为美好的回忆，还塑造了我们对学习的看法与我们的学习方式。

第一部分的学习特写为我们提供了丰富的实践信息，告诉我们是什么造就了难忘且深刻的学习经历。我们发现，在这些学习经历中，学生是谁（个人或小组）以及他们在学习什么，都是显而易见的。在"一扇小黄门"中，幼儿园的孩子和老师合作，为教室中的冲突找到了一个创造性的解决方案，从而促成了一个临时却丰富的项目，其中包括学习如何探究、收集数据和分析。在"春池"中，一群初中生调查了附近森林里不为人知的水生物，还根据调查结果呼吁政府加大保护力度。在"何为'伟大'"中，一群高中生探讨了"伟大"到底意味着什么，并就不

[①] 在美国，服务性学习项目旨在让学生在参与社会活动的过程中了解现实的社会问题，例如，去敬老院服务，参与垃圾分类，等等。——译者注

同的观点展开了激烈的讨论。在"了不起的摩天轮跳水"中，两名高中生在学校走廊里探索了一个复杂的数学方程式。"'导演你好'"讲述了一群学前班小朋友围绕马拉松比赛自创自导了一部短片，并分享给家长和社区的故事。在"关注学生的参与"中，一位四年级教师尝试观察与记录学生的参与和合作情况，以此支持学生的探究。我们能从上面的每一个故事中看到教与学的核心信念，这些信念随着学生和教师更深入地了解自身和学科而开始发挥作用。

通过收集语录、绘画、视频、反思和图片，师生学习的成果和过程被清楚地记录了下来，学习因此变得清晰可见。与其他学生、老师和家庭成员分享这些学习证据，常常会引发新的理解、好奇、惊讶与喜悦。在第一部分的每个学习特写中，学生之间，师生之间，以及老师之间都建立了集体知识(collective knowledge)①。孩子与成人都在积极地促进和反思自己及他人的学习，同时也成了同伴和同事的学习资源。每一个故事中的实践都揭示了是谁在学习，以及他们将会学到什么。

本书分享了"让学习可见"这个项目开展十余年来的研究成果。该项目的参与者包括哈佛大学教育学院"零点计划"的研究员以及马萨诸塞州和俄亥俄州公立学校的教育工作者与学生。基于这些研究成果，我们提出了一种教学方法，它强调反思、社会交往和收集学习证据对有效教与学的重要作用。这些做法对从幼儿园到高中各学段的学生都是至关重要的，对成人来说也是如此。那么如何让学习和学生可见呢？其核心就是利用小组合作与学习行为记录的力量，来理解、深化和拓展师生的学习。

让学习可见的必要性

尽管前面提到的学习特写描绘出了欣欣向荣的学习场景，但在大多

---

① 集体知识是大家共有、共享的全部知识。集体知识能帮助我们理解彼此和世界，促进合作与发展。——译者注

数课堂上，学习并不为老师、学生、家庭和社区所见。通常情况下，学习的唯一表现方式就是考试成绩、等级和排名。然而，这些数字和字母都不足以说明正在发生或可能会发生的学习的深度、多样性和复杂性。实际上，学生和他们的思考常常被忽视。这是非常悲哀的，因为课堂本应该是体验、展示和评估高效学习的地方。然而，哪怕是最敬业的老师，当他试图创造一个引人入胜的学习环境时，也会面临巨大的挑战。教学内容和应试的压力如同两座大山，压得人喘不过气来。在一个学习机会出现时，较短的课时限制了师生进行更深入的探索。哪怕学习活动真的很有价值，留给老师和学生去反思和举一反三的时间实在是捉襟见肘。总而言之，许多教学活动并不是为了支持和展现有深度且复杂的学习而开展的，它们只能让我们匆匆瞥见冰山一角，却很难让人发现海面之下的大千世界。

"让学习可见"项目的发展历程

从 1997 年开始，"让学习可见"项目组调查了个人学习和小组学习的特点，研究了学习行为记录对高效的学习小组的促进作用。1997 年到 2000 年间，"零点计划"的研究人员一直与来自意大利瑞吉欧市立幼儿园和婴幼儿中心的教育工作者通力合作。在接下来的 10 年里，我们又与美国的老师和教师培训师合作，希望把研究成果推广到美国的各个学校、各个学科与各个年级中去。"零点计划"的"让学习可见"研讨会于 2003 年在美国马萨诸塞州剑桥市启动。来自 13 所公立学校的 21 名老师与来自惠洛克学院（Wheelock College）和莱斯利大学（Lesley University）的 3 名教师培训师每月都要聚在一起，向其他人分享自己让学习可见的实践。研讨会的目标是通过收集和回顾关于儿童学习方式与学习内容的学习行为记录，发展支持儿童与成人进行个人学习、小组学习的方法。随着时间的推移，这个小组（我们称之为"让学习可见的教师"）的规模越来越大，前面 6 篇学习特写中提及的 5 位老师也加入进来。

在参与研讨会的学校中，很多学生都来自经济条件不太好、社会资源不足的家庭。有些学校的考试成绩在整个学区中垫底。学校的教育没能支持明明最需要帮助的学生。这些学生糟糕的成绩让地方政客和社区十分不满。在这样的背景下，教授州考试要求的内容让老师们压力重重。然而，老师们也认识到，传统的由教师主导的教学很难从根本上解决问题。实际上，这种传统的方法反而导致了学生的低参与度。本书第一部分描述了很多高效学习的场景，可是一堂课45分钟、大班教学和教师主讲的特点与这些高效学习所需要的教学环境相悖。

为了将探究向前推进，"让学习可见的教师"从瑞吉欧的教育实践中找寻灵感。瑞吉欧的幼儿园以其幼儿教育的独特方法而闻名于世，并启发了世界各地无数的公立与私立学校。瑞吉欧方法的基础是瑞吉欧的老师所说的"倾听的教育与关系的教育"。瑞吉欧的老师相信孩子是强大且有能力的，而不是笨拙和被动的。"让学习可见"研讨会以两本书为基础：《让儿童的学习看得见：个体学习与集体学习中的儿童》，该书分享了"零点计划"和瑞吉欧合作第一阶段的研究成果；《让教学可见：作为教师发展的个体和小组学习记录》（*Making Teaching Visible: Documenting Individual and Group Learning as Professional Development*），该书记录了"零点计划"与从幼儿园到中学共8所美国学校的老师们的初步合作。[1]

7年来，我们和"零点计划"的其他同事联手推进"让学习可见"研讨会。当地从幼儿园到高中的很多老师对瑞吉欧理念非常感兴趣，在学校里自发组队，报名参加我们的研讨会。在设计、记录各种教学尝试，以及提供反馈方面，这些团队给了彼此很大的帮助。研讨会成员围绕几个引导性问题展开探究，比如，"学习小组如何形成、运作，以及证明学生的理解情况？""学习行为记录是如何拓展个人学习和小组学习，并使其可见的？"在每一次跨学校的讨论中，老师们都分享了真实的学习证据和记录。这样一来，他们逐渐找到了让学习和学生可见的策略，以此

---

[1] 有关这两本书和"让学习可见"研究的不同阶段的更多信息，请访问 www.mlvpz.org。——作者注

引导和深化后续的学习。他们的终极目标是创造一个以学生为中心的学习环境，改变传统意义上的学生关系、师生关系与教师关系。

前面的学习特写展示了学生学习给予和接收反馈，以及思考"伟大"和"因数分解"等概念的过程。除此之外，这些特写还呈现了个人或小组拓展学科知识，以及培养自己成为学习者的复杂方式。老师和学生开始把自己看作有能力的学习者，把彼此视为给予灵感和帮助的源泉。到2010年开学时，波士顿地区一共有20所学校75名老师加入了"让学习可见"研讨会。与此同时，我们还与威克利夫进步社区学校展开了合作。这是一所从学前班到五年级的公立学校，位于俄亥俄州上阿灵顿，约有480名学生。我们与学校的所有老师和部分家长紧密合作，试行并记录了30多种创新教学策略。目前，在波士顿和剑桥的学区中，许多学校的教师专业发展课程和工作坊都采用了这些教学策略。这群老师和学校的故事、这些实践与教学工具为本书的出版打下了坚实的基础。

环境的改变

这些学校的经验和相似的先进教学法百花齐放，催生了多种方式来展现学生的思考以及身份的转变。"让学习可见"的观点与学校小型化运动有很多相通之处，例如，它们都强调基于表现的评估和学习档案评估，着眼于学生做了什么，以及问题式学习与项目式学习。如果实施得当，这些策略可以为老师了解学生、学生了解自己和彼此提供多种机会。很多老师跃跃欲试，然而，外部因素很快就给他们浇了一盆冷水，比如，高风险测试、一切向分数看齐，以及狭隘的学习观。因此，教育的目标很容易被禁锢在那些看得见的数字当中了。

尽管如此，我们还是看到了很多喜人的改变。围绕着让学生和学习可见，许多相关研究和政策持续取得了新进展。2002年，美国教育部召集微软、思科和苹果等业内领头羊，一起确定了未来几十年最能满足美国发展需求的学校应当具备的特征。这些建议中的精华收录在《为21世纪而学习》（*Learning for the 21st Century*）这份报告中。该报告指出，课堂需要提升合作能力、沟通能力、批判性思维和创造力。[1]报告还强调，学习不再是一种孤立的、个人的、由老师主导的活动；学习必须超越课堂，让家庭和社区参与进来。为了培养21世纪需要的技能，师生需要掌握学习策略，从更细微的视角洞察学习的复杂性。

学习的五大原则

无论是小学对数感的培养，还是高中对伟大的探寻，每位老师都想让学生在课堂上习得各种各样的知识。识记事实和公式固然重要，但是死记硬背仅仅是学习的一个层面，更深层次的学习体现在"灵活应用"[2]上。也就是说，学生应该学会举一反三，在新情境中运用所学知识。就像本书的学习特写展示的那样，老师先明确而审慎地选出那些值得学习的知识和技能，然后，学生在老师的引导下，试着用新颖、有创意的方式拓展所学内容。

让学习和学生可见的课堂和其他课堂有何不同？在和老师们的深入合作中，我们发现了高效学习的五个核心原则（通常互有交集）——学习具有目的性、社会性、情感性、赋权性和可展示性。在接下来的内容中，我们会借用之前的学习特写来介绍每一个学习原则。

❖ 学习具有目的性

我们"零点计划"的同事戴维·珀金斯（David Perkins）曾指出，高效学习环境的一个关键特征是，老师能够明确"什么内容是值得学习

---

[1] Partnership for 21st Century Skills. (2002). *Learning for the 21st century.* Washington, DC: Author.——作者注

[2] 有关"灵活应用"观点的更多信息，请参见 Perkins, D. (1998). What is understanding? In M. S. Wiske (Ed.), *Teaching for understanding: Linking research with practice.* San Francisco: Jossey-Bass.——作者注

的"[1]。我们需要带着目的去学习，这个观点看似简单明了，但许多课堂每周的学习内容缺乏联系，学生往往也没有意识到他们学习的短期目标与长远目的。不过，针对这个问题，现在已经有了很多行之有效的方法，比如，基础学校联盟（Coalition of Essential School）强调用"核心问题"来引导长期的学习体验[2]。又如，"零点计划"提出"为理解而教"（Teaching for Understanding）的教学框架，强调创建公众理解目标的必要性，帮助师生在日常生活中关注学习的意义，去建立学习与自己的关系。[3] 我们的"让学习可见"课堂正践行着这样的理念。

让学习可见的课堂和其他高效课堂有异曲同工之妙，它们都能够有目的地建立理解、引入知识和技能，而且与师生、学科，甚至是社区息息相关。学生的兴趣塑造了学习特写中的各个项目，例如，在"一扇小黄门"中，孩子们对门的形状与大小充满好奇；在"'导演你好'"里，孩子们自己决定要制作一部短片；在"关注学生的参与"中，学生围绕陀螺展开了一个科学项目；在"春池"中，老师建议学生将项目成果改成帮助春池获得州认证，因为他们发现学生对制作自然指南并不怎么感兴趣。

目标明确的学习也是由老师的热情与兴趣塑造的。波士顿马拉松研究项目就来源于本·马德尔对赛跑的兴趣；琼·索布尔一直在思考"伟大"的本质是什么，而这份热情帮她确立了课程的核心理解目标；道格·麦克格莱瑟（"了不起的摩天轮跳水"项目的老师）的大多数同事更愿意使用传统的数学课程，而他还是坚持使用交互式数学课程，因为他深信用数学家使用的探究方法来解决数学问题才是真正有价值的。学科也是老师设计课程需要重点考虑的因素，老师一般会关注学科的核心概念、习得过程和技能。在道格的例子中，他认为琼和诺拉使用的抽象

---

[1] Perkins, D. (2008). *Making learning whole: How seven principles of teaching can transform education*. San Francisco: Jossey-Bass.——作者注

[2] Sizer, T. (1992). *Horace's school: Redesigning the American high school*. Boston: Houghton Mifflin.——作者注

[3] Wiske, M.S. (Ed.). (1998) *Teaching for understanding: Linking research with practice*. San Francisco: Jossey-Bass.——作者注

思维是数学思维的核心之一；在"一扇小黄门"里，妮科尔·查斯请学校的数学教学专家来指导学生收集数据。

最后，目标明确的学习能跳出课堂，与这个世界联系起来。就像在"了不起的摩天轮跳水"中，诺拉和琼解决了一个以真实世界为背景的问题；"春池"中，七年级学生为公众制作了一份自然图鉴；而玩儿陀螺的学生在学校一年一度的科学博览会上分享了他们的发现。

学习具有社会性

学习可不仅仅是学生被动接受老师传授的知识。心理学家列夫·维果茨基（Lev Vygotsky）[①]和阿尔伯特·班杜拉（Albert Bandura）[②]在他们具有里程碑意义的研究和著作中指出，知识不是凭一己之力就能创造出来的，而是在与他人的交流中得以发展的。在"何为'伟大'"这篇特写中，高中生或两人一小组，或多人一大组，一起探讨他们对伟大的不同看法。学生在课上学到的知识已经超越了老师的预期，也远远超出了课程指南的范围。课堂充满了不同观点、不同解读的相互碰撞，这让他们对阅读材料有了更深入的思考。随着时间的推移，在分享、反思和修正自我知识的过程中，学习的意义得以产生。

参与学习的除了本班师生外，还有其他班的师生，甚至还有家庭和社区。在"春池"中，学生在附近的森林里细致地观察和收集数据，从而了解了各种各样的水生物。学生还互帮互助，解读在户外记录的笔记和观察，然后找出规律并提出问题。在小组内部和小组之间，学生创建、分享和检验他们的理论。通过观察和对比两组学生的学习，老师也收获满满，并用这些数据设计项目接下来的走向。为了增加项目的社会性，他们把制作的图鉴放在当地的图书馆，供其他学生参考学习，并把学生的研究发现递交给当地的政策制定机构。

学习的社会性原则表明，对"学生是谁""他们在学什么"的评估，

[①] Vygotsky, L. S. (1978). *Mind in society*. Cambridge, MA: Harvard University Press.——作者注
[②] Bandura, A. (1977). *Social learning theory*. New York: General Learning Press.——作者注

并不是由单一的权威人物在单元学习结束时做出固定不变的陈述。事实上，在这一过程中，老师和学生时时刻刻都能观察到自己的学习。在"关注学生的参与"中，阿曼达·范弗莱克和学生分享了许多课堂上的照片、视频片段、对话集锦和图片。借助这些素材，学生不断观察、解读和讨论课堂上个人学习和小组学习所面临的问题与挑战，逐渐看到其他人当下的疑惑、惊喜、灵感和坚持。阿曼达和学生一起深入了解学习中的挑战——不是孤身一人，而是在彼此身旁。他们总结出的有利于学习的技能和行为不是属于个人，而是为全班所用的。

学习具有情感性

让学习和学生可见的课堂不仅能拓展知识和技能，还能培养情感。课堂上的材料、问题和现象都经过了精挑细选，用来激发学生建立和学习内容的情感联系。忽视情感可能会抑制学习和合作。在"一扇小黄门"故事的一开始，学生和老师都因为小黄门的争抢问题沮丧不已。对此我们很容易想到，这样的情绪可能会引发更多冲突和不信任，因此如果老师这时候单方面介入，控制事态并解决问题，我们也会觉得在情理之中。可在这个故事中，孩子们用另一种方式解决了问题，他们给自己以及未来入学的学生设计出了新的门。在这个过程中，孩子们的沮丧被排解了，取而代之的是兴奋与骄傲。他们来到校园中不太熟悉的角落寻找更多的门，整个学习过程充满了欣喜与好奇。同样，在"关注学生的参与"中，四年级的学生在小组中经历了心情的起起落落——玩儿旋转陀螺时的快乐、小组合作中的沮丧、见证同学又一次灵光一现时的惊喜。"何为'伟大'"中的高中生在学着去倾听与自己截然不同的观点时，也反思了自己困惑和矛盾的情绪。在每一个特写故事中，老师在密切地关注学生及其学习的同时，感受着惊喜和好奇。对这些课堂上的师生来说，让学习中的情感可见在激励学习上起到了至关重要的作用。

提供或创造质量高且有意思的学习材料也增强了情感的力量。为了燃起读者的兴趣，学生在图鉴中为水生物配上了栩栩如生的插图和极富代入感的文字。在"一扇小黄门"中，令学前班孩子着迷的不仅仅是制作木门本身，还有探索校园中的未知区域。选择用什么样的方式来共享学习行为记录本身也会在不同程度上调动情绪，激发学习动力。琼·索布尔的学生在视频中看到了同学们坦诚地分享自己对"伟大"的理解，这深深吸引了他们，同理心和亲近感便油然而生。

相信学习的情感性的老师把熟悉变成新奇，把平淡无奇变成不同凡响。这样的课堂鼓励学生发现和反思不同的情感，例如好奇、惊喜和愉快等。而这些情感已被证实对动机[1]、参与[2]和记忆[3]等有助于学习的因素能产生积极影响。

❋ 学习具有赋权性

让学习可见的老师鼓励学生做自己学习的主人——主导并乐于和他人分享自己的学习。比如说，在"一扇小黄门"中，为了解决班上出现的问题，妮科尔·查斯听取了孩子们的意见。他们自己提出了设计和制作新门的想法，还主动向妮科尔的助教约翰寻求帮助，因为他们知道约翰擅长做木工活。像妮科尔和约翰这样的老师为学生主导自己的学习提供了多种多样的机会。久而久之，学生便能轻车熟路地设置目标、改进学习策略、克服困难、评估自己的学习过程。20世纪70年代，心理学家马尔科姆·诺尔斯（Malcolm Knowles）[4]首次提出了培养自主学习技能的重要性。近年来，在21世纪技能联盟（Partnership for 21st Century Skills）[5]等搭建的当代框架中，这个观点又被重新提及。

---

[1] Deci, E. L., and Flaste, R. (1996). *Why we do what we do: Understanding self-motivation*. New York: Penguin.——作者注

[2] Csikszentmihalyi, M., Rathunde, K., and Whalen, S. (1993). *Talented teenagers: The roots of success and failure*. Cambridge, UK: Cambridge University Press.——作者注

[3] Damasio, A. (2000). *The feeling of what happens: Body and emotion in the making of consciousness*. New York: Harcourt Brace.——作者注

[4] Knowles, M. (1975). *Self-directed learning: A guide for learners and teachers*. New York: Association Press.——作者注

[5] Partnership for 21st Century Skills. (2002). *Learning for the 21st century*. Washington, DC: Author.——作者注

努力让学习和学生可见的老师会积极寻找机会让学生做学习的主人。在"关注学生的参与"中，阿曼达在细心观察后，挑选了一些学习瞬间与学生分享，目的是让学生主导自己的学习。她重新利用这些"教学的大好时机"，以支持学生彼此学习。在"何为'伟大'"中，琼积极鼓励学生对自己的学习负责，而她则扮演引导员和辅助者的角色。许多学生指出，琼的方法促使他们进行更多的批判性思考，更坦然地面对"伟大"这样的复杂话题。一名学生后来说道："通过谈论文学，我们竟然可以建立如此多的联系，产生如此多的领悟……我本该早点儿意识到这一点，但我非常骄傲在没有老师指导的情况下，能和同学们一起获得这样的感悟。"

老师也有了更多自主权。他们不再照本宣科，而是根据对学生的了解来决定值得学习的内容，以及如何开展教学。在每一篇学习特写中，老师都摒弃了对学生学习的主观看法，与同事一起检验新想法，并重塑课堂教学策略。他们为学生精心设计了教学问题、目标以及教学活动，这些举措都在鼓励和赞美学生与老师互为人师，共同学习。

❊ 学习具有可展示性

在"一扇小黄门"中，学前班的孩子们画出草图，搜集并记录学校各式各样门的不同特点，还制作出图表来呈现他们的想法，并最终做出五颜六色的小木门。在把学到的知识转化为各种表现形式的过程中，他们展示和深化了对门的认识，学习得到了强化。在整个过程中，老师收集并反思这些表现形式，以此掌握学习进度，并考虑接下来的教学环节。

学生会用不同的方式表达和展示自己的学习。正如霍华德·加德纳在他的多元智能理论[①]中指出的那样，学习证据可以通过多种符号系统来呈现，完全不必拘泥于传统学校使用的字母和数字。瑞吉欧的教育工作

---

① Gardner, H. (1983). *Frames of mind: The theory of multiple intelligences*. New York: Basic Books.——作者注

者们同样相信孩子们会用"儿童的一百种语言"①来发展和表达他们的思想。图片、语录、学生作品、视频、音频等都能帮我们瞥见学习和学生的复杂性。把这些学习的表现形式共享出来将有助于创建集体知识和共同回忆。阿曼达·范弗莱克挑选了一些照片和录像与学生分享,学生很快就回想起这些片段及其背后的故事。阿曼达还与陀螺高手们分享了她记录下的对话和照片,以此引导学生描述自己的学习体验,强化学生对关键概念和词汇的理解。展示学习的方式还包括与他人分享自己的学习,例如,在"'导演你好'"中,老师请孩子们选择用什么样的形式分享学习。

学生可以在学习过程的各个时间节点创造和分享学习成果,这样一来,他们在展示学习的同时也将学习导向深入。在完成最终产品之前,学生也可以展示中间成果,并用得到的反馈来完善作品,重新思考自己的工作。在项目或任务的最后阶段展示中间成果也是可以的,它可以为总结性评估提供有力支持。

让学习与学生可见的核心实践

学习具有目的性、社会性、情感性、赋权性和可展示性,这五大原则奠定了让学习和学生可见的教育学基石。在接下来的章节中,我们会具体介绍建立在这五大原则之上的两种实践——小组学习与学习行为记录。

❖ 小组学习

小组学习在课堂实践中有着举足轻重的地位,这早已不是什么新鲜事了。20世纪后半叶的研究肯定了协作学习(cooperative learning)与

---

① 源于瑞吉欧教学法创始人洛里斯·马拉古齐写的一首诗。他希望教育能让孩子通过不同方式去探索事物并获得体悟。——译者注

合作学习（collaborative learning）[①]的作用，两者在各个年龄阶段、各个学科中都能有效促进能力与知识的发展。而小组学习之所以能成为让学习和学生可见的关键，是因为它能为学习创造社交环境，让学生既能习得知识和技能，又能培养情感。在学习可见的课堂上，老师会用以下五种相辅相成的策略来帮助小组成长。

- 培养学生共同学习的能力。在"关注学生的参与"中，阿曼达·范弗莱克找到了多种方法帮学生更有效地合作。
- 设计适合团队开展的有意思的任务。学前班的孩子们为了一扇小黄门而争吵不休，于是妮科尔·查斯把这个问题变成了课程，让孩子们参与到解决问题、收集与分析数据中来。
- 引导对话，促进深度学习。在"春池"中，曼迪·洛克和马特·利夫通过小组学习让学生发现误区，互相给予反馈，并反思自己的工作。
- 有意识地分组。在"'导演你好'"中，本·马德尔和雷切尔·布拉金考虑了每个孩子的能力与性格，以及互补情况。这些信息帮他们看到了哪些孩子适合在一组工作，哪些不适合。
- 适时穿插个人、小组和全班的学习活动。在"何为'伟大'"中，琼·索布尔班上的高中生有时会独立学习，有时会在小组中讨论，有时还会进行全班探讨。不同学习形式的切换会促进学生的学习与反思。

第 8 章将详细介绍这些策略。

学习行为记录

这一实践需要老师和学生用不同媒介来观察、记录、分析和分享

[①] 协作学习强调配合与协助，学习者相对独立，在短期内各自工作，最后把成果合并在一起。合作学习强调学习者之间紧密联系，朝着长远的共同目标一起努力。——译者注

学习的过程与产出，目的是拓展学习的深度与广度。学习行为记录来源于瑞吉欧学校的教学法，以及"零点计划"开发的"学习过程档案"（process portfolios）评估策略。[①] 然而学习行为记录不只是收集图像或学生作品的技术策略，它更创造了师生在教学过程中的新关系。虽然学习行为记录主要和"学习具有可展示性"这个原则相关，但与其他原则也密不可分：师生彼此分享具体记录这一行为说明了学习的社会过程，它欢迎多元视角、解释和理论的构建；挑选分享的内容也需要考虑情感因素，例如，学生是否希望引发观众惊讶、好奇等情绪；收集和整理这些记录还可以增强师生的自主学习意识。在让学习可见的课堂中，学习行为记录有以下五个鲜明的特点。

- 学习行为记录通常会围绕学习过程中的一个特定问题进行。例如，学生如何在课堂上体验包容文化？学生是如何看待"伟大"的？
- 学习行为记录让师生都能参与到分析、解释和评估个人与小组学习当中。它需要多元视角，同时也因多元视角而变得丰富多彩。
- 学习行为记录的形式多种多样。也就是说，学生可以用多种方式展示和表达他们的想法，包括各种媒体和符号系统，而不局限于言语。
- 学习行为记录不是私密的，而是公开的，可以与其他学生、老师、家庭成员，甚至社区分享。
- 学习行为记录有回顾性，更有前瞻性。它可以引导未来学习环境的设计。

第9章将详细剖析这种实践，并提供具体的实施策略，以深化大家对学生和学习的理解。

[①] 学习过程档案包含学生学习过程的历史记录，汇集了学生从始至终的作业样本。参见 Gardner, H. (1989). Project Zero: An introduction to arts propel. *Journal of Art & Design Education, 8*, 167–182. ——作者注

在大多数课堂上，小组学习和学习行为记录是分开进行的，我们往往没有看到这两者的联系。在某一周，老师可能会花很多精力开展一个精心设计的合作活动。之后，她开始考虑怎样把学生的活动成果收集起来，分享给全班同学或同事。其实，我们想鼓励老师找找这两种实践的共通点。双剑合璧后，它将成为一个让学习和学生可见的高效策略。

学习的五大原则会穿插在之后的各个章节中。接下来我们会介绍为了让学习和学生可见，小组学习和学习行为记录这两种实践是如何发挥作用的。

第 8 章
细述小组学习那些事

在学校里，学生总是处于不同的小组中，但并非所有小组都是学习小组。在学习小组中，成员们会积极地解决问题、创作作品和探索意义；在各种新视角、策略和思考方式的碰撞中，学生和老师都从彼此身上学到了很多。通过不断修改、扩展、澄清并充实自己和他人的想法，小组成员之间也实现了互相学习。[1] 在这样的小组中，学习就是有目的的、社会的、情感的、赋权的、可展示的。

正如第 7 章所提到的，研究者对小组学习的推崇由来已久，它有着完善的理论基础。从维果茨基的社会文化视角来看，学习本质上具有社会性，社交活动中的互动内化后会改变我们的思维方式。[2] 打出生起，孩子就受家庭成员、玩伴、老师和其他人影响，这体现在思维、情感和行为的方方面面。基于这些观点，许多小学课堂将协作学习纳入教学实践。老师将学生安排到不同的小组中，给他们分配不同的角色和任务，教给他们团队合作的要领。[3] 这种学习方式的目标是利用学习的社会性来帮助

---

[1] Krechevsky, M., and Mardell, B. (2001). Four features of learning in groups. In Project Zero and Reggio Children, *Making learning visible: Children as individual and group learners*. Reggio Emilia, Italy: Reggio Children.——作者注

[2] Vygotsky, L. (1978). *Mind in society: The development of higher psychological processes*. Cambridge, MA: Harvard University Press.——作者注

[3] 参见 Johnson, D. W., and Johnson, R. T. (1995). *Learning together and alone: Cooperative, competitive and individualistic learning* (4th ed.). Boston: Allyn & Bacon; Siavin, R. (1995). *Cooperative learning: Theory, research and practice* (2nd ed.). Boston: Allyn & Bacon.——作者注

每个人掌握明确的内容与技能。

　　前六章的学习特写详细说明了学习小组的价值。合作是"春池"项目的核心。这群七年级学生一起想办法收集并整理数据，还制作了图鉴。学生能在图鉴中做出如此精彩的描述，收录如此生动的民间故事，创作出栩栩如生的水彩画，同学间给予的反馈可谓功不可没。他们也从前几届学生的作品中获得了写作和艺术创作的灵感。就像学生介绍的那样，他们的工作包括"和朋友们碰撞出思想的火花""友好地辩论"和"大量修订"。制作这本图鉴是一项艰巨的任务，而情感推动着老师和学生前进。英语老师马特·利夫回忆说："我完全不像在工作。学生的兴奋劲儿一直鼓舞着我，他们在写作上的成长、自信心，还有彼此间的和睦相处，给了我很大的支持。"在学生研究的春池获得州认证后，当地的报纸对这个项目进行了报道。很多学生至今还能回想起在报纸上看到自己名字时那种激动和自豪的心情。

　　对高中生诺拉和琼来说，无论是得出"了不起的摩天轮跳水"中的方程式，还是用一种吸引人的方式进行展示，都是不可能凭一己之力完成的任务。琼发挥了她的数学专长，而诺拉贡献了她的洞察力，使展示更引人注目。其他人也在为她们的成果添砖加瓦：一个朋友质疑车上水的深度能否保证人安全落入，而这个提问把探究引向了新的方向。同时，诺拉和琼无比迫切地想和他人分享自己的成果，这种心情促使她们选择在走廊上工作，从而创造了很多社交的机会，还使她们有机会去隔壁班分享。这次分享给了她们莫大的信心，让她们明白原来自己也能像数学家那样思考和工作。最终，诺拉和琼的海报不仅帮助别人理解了她们的成果，制作海报本身，特别是用颜色区分方程式中不同部分这一做法，也提升了她们自己的数学思维。

　　小组学习不仅能实现个人学习，还会带来小组的成长。我们"零点计划"的同事史蒂夫·塞德尔说过这样一段话：

　　　　小组能给成员们带去关心、尊重和爱……哪怕成员性格多元、观点各异，只要这个小组接纳每个人的贡献，它就可能为大家提供一片绽放个人特色的沃土。在这样的学习小组中，辩论、尝试和协商无处不在，而通过这样的互动，每个成员都能观察到并认可他人独特的品质。重视每个成员的贡献不但说明大家都建立起了对彼此的尊重，还意味着每个人提出的想法都能得到重视。①

在了解了瑞吉欧的教学过程与学习成果，以及本书中的六篇学习特写后，大多数人的反应可能是："我的学生做不到。"各个年级的老师均表示，在他们的课堂上，小组学习充斥着令人头疼的冲突，学生总是在做和任务无关的事情；相比于独立学习，在需要合作完成的活动中，学生的效率显得无比低下。一些教育工作者认为，由于家庭结构、社会经济地位和文化背景各不相同，很多学生无法合作。尽管小组合作可以带来回报，给予学生自主权，但过程中的紧张和冲突往往让合作的优势大打折扣。在某种程度上，那些认为学生"做不到"的老师并没有说错；可事实是，在大多数情况下，不是他们的学生做不到，而是学生暂时还无法合作到这种程度！

在这一章中，我们会提供互相关联的详细策略来帮你实践小组学习。通过分析学习特写中的老师使用的策略，以及与我们合作的其他老师的教学方法，我们总结出以下五个通用策略：

- 培养学生共同学习的能力。
- 设计适合团队开展的有意思的任务。
- 引导对话，促进深度学习。
- 有意识地分组。
- 适时穿插个人、小组和全班的学习活动。

---

① Seidel, S. (2001). To be part of something bigger than oneself. In Project Zero and Reggio Children, *Making learning visible: Children as individual and group learners*. Reggio Emilia, Italy: Reggio Children.——作者注

培养学生共同学习的能力

在一开始对美国学校进行研究的时候，我们走进一所幼儿园的课堂，跟孩子们分享了一篇叫作"瑞吉欧之城"（The City of Reggio Emilia）的视觉论文。[1] 这个案例介绍了三个女孩的故事。她们花一个小时绘制出了一幅令人惊叹的无比详尽的城市地图。听了这个故事后，很多孩子都想自己动手画一幅地图。我们欣然接受了他们的提议，并提供了纸和铅笔。三个男孩凑到一起，开始在一张大纸上写写画画。他们在纸张的不同角落安静地工作，就像他们人手一张纸一样。突然，其中一个男孩把圆圈画进了另一个男孩的"地盘"。结果两人不欢而散，他们的地图绘制项目也戛然而止。几周后，我们进入六年级的一个课堂，再次分享了这篇视觉论文。看到一群小不点儿都能合作完成这样精美的作品，这些12岁的孩子表示很震惊。然而，当被问及对团队合作有何感想时，他们却提不起一点儿兴趣。正如一个学生所说："做事的人明明只有我，而得到好成绩的却是所有人。"

仅仅把学生凑到一起是无法实现合作的，他们必须发自内心地想去理解他人的想法并学习合作技巧。[2] 此外，许多学生并不认为小组学习是一种真正的学习；相反，他们觉得老师给出答案才算学习。培养学生共同学习能力的关键是支持他们反思自己的学习过程。让小组的学习过程可见，可以增强孩子们对如何共同学习、如何互相学习的元认知[3]。在合作时，学生能观察到他人的想法是如何丰富自己的学习的。在这个过程中，他们会习得合作技能（例如，寻求帮助，提供有意义的帮助）并培养小组合作热情。如果你想创建鼓励共同学习、互相学习的课堂，记录与分享学习是两个特别有用的策略。

---

[1] www.mlvpz.org/documentation/project9f90.html——作者注

[2] Webb, N., Farivar, S., and Matergeorge, A. (2002). Productive helping in cooperative groups. *Theory Into Practice, 41*(1), 13–20.——作者注

[3] 元认知指学生对自己认知过程的一种觉察和思考，并能够通过这种觉察和思考来反思与修正认知过程。——译者注

我们总结出了三个培养孩子共同学习、互相学习能力的关键因素：一是让学生意识到成功小组的特质，二是将学习行为记录作为探讨小组学习的基石，三是成人以身作则。

让学生意识到成功小组的特质

从学年的一开始，"关注学生的参与"中的阿曼达·范弗莱克就积极地着手培养学生共同学习的能力。她和新生一起讨论成功的小组合作需要具备哪些因素，还分享了前几届学生的想法，以启发新生思考。学生讨论了寻求和给予帮助的有效方法、在邀请他人加入合作时肢体语言的重要性，以及帮助每个人融入小组的策略。阿曼达整理了一份记录这些讨论与反思的清单，供学生日后参阅。在每次小组活动开始之前，学生都会来读一读这份清单。在小组活动结束后，全班还会复盘，然后把新的经验添加到清单中。阿曼达能非常敏锐地从学生的行为中提炼出共同学习与互相学习的精髓。例如，在"关注学生的参与"的科学项目中，她把一个小组所有人的手同时出现的照片作为合作的标志。在整个学年，阿曼达都会贯彻这些做法，到学年结束时，学生需要反思他们在小组合作中学到的经验，而这些经验会成为给来年升入四年级的学生的建议。

让学生意识到成功小组的特质，与教给学生掌控自己学习的方法，从而为学生赋权这一原则不谋而合。如果一个学习小组进展不太理想，让孩子们的学习可见也可以发挥作用。九年级的英语老师林迪·约翰逊在马萨诸塞州一所市区的公立学校任教。她教的三个班中有一个班的学生不太重视同伴反馈，也很少关注其他同学给自己作品的点评。于是，林迪让所有学生（总共100名学生）以小组形式讨论下面三个问题[1]，并把自己的想法写下来。

---

[1] 林迪是从下面这本书中读到五、六年级老师萨拉·费尔曼所做的工作，从而了解到这些问题的：Mardell, B., Turner, T., Bucco, C., Donovan, M., Fiarman, S., Hamel, I., Krechevsky, M., Monahan, D., Seidel, S., Sutter, C., and Thies, A. (2003). *Making teaching visible: Documentation of individual and group learning as professional development.* Cambridge, MA: Project Zero. ——作者注

- 今天你从老师那里学到了什么？
- 今天你从别人的点评中学到了什么？
- 你从别人的作文中学到了什么？

正如林迪所料，其中两个班的孩子思如泉涌，但是第三个班的孩子写下的却是："我今天没从老师那里学到什么。""我从同学那里什么也没学到。""我没从别人的帮助中学到什么。""（我发现）他们的生活特别无趣。"

林迪决定把另外两个班的孩子写下的想法读给这个班的孩子听听。她这样描述自己在朗读的时候学生的反应：

（这个班的学生）无比投入，而这群孩子以前对什么事情都不太感兴趣。他们听得很专注，整个教室安静得像是能听见一根针掉落的声音。他们好像真的听进去了。读完两个班的回答后，我问他们："为什么你们的回答和 6 班的回答如此不同呢？你们怎么看？"戴蒙德说："6 班比我们班更专注。他们有更多可以说的，而且他们也没那么懒惰。"贾丝明说："有人说自己什么都没学到，可能是因为他们以前学过这些内容，或者他们没那么喜欢把想法写下来。他们就想偷懒。"凯文说："因为你不喜欢我们班。"

接着，林迪问大家，老师为什么想让他们听到其他班的学生写下的内容，还问他们是否可以组成一个有凝聚力的学习团队。保罗回答了第二个问题："我觉得如果努力一把，我们是可以做到的。"林迪又问道："你们很多人提到我们班的学生很懒惰。你们想做出改变吗？"学生表示想做出改变，之后班级的学习气氛便出现了改观。

将学习行为记录作为探讨小组学习的基石

阿曼达和林迪都用学习行为记录来与学生讨论小组合作的价值。在波士顿马拉松研究项目的图书策划委员会遇到困难时，老师给全班看了一段五分钟的视频。这个视频是"'导演你好'"中短片策划委员会制作分镜头剧本的片段，老师把它视为一个成功的小组合作的例子。看完视频后，孩子们反思了是什么帮助这个小组共同学习与工作的。他们注意到西蒙在寻求帮助，克里斯托弗在提供帮助，而罗茜则在鼓励西蒙相信自己，尝试把坐轮椅的选手画出来。在短片策划委员会的启发下，图书策划委员会对接下来要做什么有了更清晰的想法，他们接下来的会议也进行得非常顺利。

让学生反思自己的合作行为固然重要，但也不要操之过急。特别是在信任与尊重尚未建立的时候，让学生直接反思自己的行为可能会适得其反，而举一个其他人的例子能更有效地培养学生共同学习的能力，比如利用这本书中的某个特写。（想了解如何促进此类对话，请参阅第11章工具2）对年纪大一些的学生来说，更有效的方法是让他们看到小孩子们的合作场景。很多高中生反馈说："小小孩儿都能做到的事情，我们一定也能做到。"

❋ 成人以身作则

在学校里，成人是很好的共同学习与互相学习的榜样，他们的用语也为学生在小组中的交流做出了示范。在波士顿马拉松研究项目之前的一整年里，学前班老师雷切尔·布拉金和本·马德尔一直在学生面前讨论问题，分享各自的想法。（例如，"雨下那么大，你觉得我们还要出去吗？""我们要不要问一下喜剧学习小组，看看他们想不想在分享会上从同学那里得到一些反馈？""我觉得他们今天还是不要演出比较好，因为迈卡没来，他可是最了解这部戏的人。"）这样的对话向孩子们展示了学习的社会性。在"何为'伟大'"中，琼·索布尔给学生看了一段老师的视频。视频中，老师们在讨论课程设置，而琼想借此向学生展示成人是如何从彼此的观点中学习的。哪怕没有录像，或者课上只有一个成人，老师也可以让自己的学习可见。（例如，"是梅里尔老师启发了我。""珍妮特老师的文章真是让我耳目一新。"）

设计适合团队开展的有意思的任务

学习特写中描述了各式各样的任务。在完成这些学习任务的过程中，师生都投入了大量的精力。学生放弃了课间休息，放学后还继续奋战。同时，任务涉及的范围广、难度大，仅凭一人之力是无法完成的。

斯坦福大学的教师培训师雷切尔·洛坦（Rachel Lotan）提出了"值得以小组形式进行的任务"（group-worthy tasks）的概念[1]，而学习特写中的任务正是以此为基础设计出来的。"值得以小组形式进行的任务"是开放性的，有很多切入点，而且需要集思广益才能找到解决方案。这样的任务会激发小组的学习动力。学习不再局限于个人对知识的掌握，学生跳出了个体的限制，成为共同学习的一分子，并积极地为集体建言献策。"值得以小组形式进行的任务"还强调开展对师生都有意义的课题，以及尽可能地让所有学生都参与进来。

❈ 对师生都有意义的课题

有意义的课题来源可谓多种多样。灵感可能来自学生之间的冲突，也可能源于学生提出的与学习目标挂钩的问题，甚至可能出于学生或老师的个人兴趣。"一扇小黄门"的"导火索"就是学前班孩子因为一扇门而产生的冲突。妮科尔·查斯并没有选择扔掉这扇门来解决问题，而是利用这个机会设计了一个项目。通过这个项目，孩子们不仅学到了如何解决班级中的矛盾，还培养了数学技能。

有意义的课题可能来源于问题。七年级的学生想知道为什么春池里没有落满树叶，科学老师曼迪·洛克便抓住这个机会，引入了食物网的概念。在明确了希望学生掌握的关键概念和课程标准后，老师就可以更敏锐地察觉能促进学生学习的问题、误区和兴趣。

学生或老师热爱的话题也可以成为课题的来源。在深入探究自己热爱的话题时，老师的激情很容易感染身边的人。在"'导演你好'"中，

---

[1] Lotan, R. (2003). Group-worthy tasks. *Educational Leadership, 6*, 72–75.——作者注

本·马德尔之所以选择波士顿马拉松比赛作为学习项目，就是因为他个人对这项赛事充满热情。而学生在这个大课题下根据自己的兴趣选择了更具体的子项目。比如，好几个孩子很想成为医生，这个兴趣促使他们去研究马拉松比赛中的医疗服务。

找到"值得以小组形式进行的任务"绝非易事。曼迪·洛克和同事马特·利夫花了大量时间反思过去几年开展的春池项目。带前几届学生时，他们设计的课程都尽量向州课程标准看齐，比如研究世界各地或康涅狄格河谷（学校所在地）的濒危物种。然而，他们总觉得缺了点儿什么。经过多次讨论之后，他们意识到专注于一个区域，号召保护那里的生态，并为此制作一本图鉴才是七年级学生能够胜任的难度。

哲学家戴维·霍金斯提醒老师，在引导小组探究时，要确保所有学生都能参与进来。[1]霍金斯从道德的角度出发，认为尽管老师需要关注每个学生，但有策略、有针对性地给予关注同等重要，因为心不在焉的学生往往会分散整个小组的注意力。"项目起始记录表"（entry-point chart）是一个很有用的提升参与度的工具。老师（最好是和同事一起）先在一张表格上写下每个学生的名字，然后在浏览每个名字的时候思考诸如"这个学生会对这个项目的哪个部分感兴趣"以及"这个学生能为小组贡献什么"这样的问题。学生也可以参与进来，提供自己的答案。（想了解更多"项目起始记录表"的信息，请参阅第11章工具4）

成人小组的探究课题

对参与探究的成年学习者来说，确定有意义的任务同等重要。鲍德温幼儿学习中心是波士顿的一所从幼儿园到一年级的公立学校，我们在那里开展了为期一年的"让学习可见"课程。作为课程的一部分，我们要求老师选择他们最想探索的教学内容。根据大家的选择，我们设置了

---

[1] Hawkins, D. (2012). Malaguzzi's story, other stories and respect for children. In C. Edwards, L. Gandini, and G. Forman (Eds.), *The hundred languages of children: The Reggio Emilia experience in transformation.* Santa Barbara, CA: Praeger. ——作者注

不同的探究小组（如，幼儿讲故事小组、心理健康小组等）。学年结束的时候，学员们认为这些小组是课程中最有意义的部分之一。第二年，鲍德温幼儿学习中心的老师强烈要求成立学习小组。现在，他们自发组织的学习小组已经成为教师职业发展课程的核心部分。（想了解如何为成人的探究确立核心问题，请参阅第 13 章工具 12）

引导对话，促进深度学习

引人入胜的任务总能在学生中间引发各种对话，比如讨论安排、集思广益、解决难题、互相反馈。在全班一起讨论应该怎样把所学分享给大家时，学前班的孩子们便想到了制作一部波士顿马拉松比赛的短片。后来，全班的反馈帮助短片制作小组改进了各个场景的出现顺序。同伴反馈也是制作春池图鉴的重中之重。通过这样的对话，学生听到了多重观点，并不断强化了制订计划、找寻意义和修改成果这一学习过程。

优质的对话不是凭空出现的。AP 英语老师琼·索布尔意识到，即使是对那些成绩优异的学生来说，仔细聆听他人的想法也绝非易事。英国的一项研究发现，在世界各地，小学的主要教学形式是死记硬背、指导讲解。[1] 学术方面卓有成效的交流［或者说由认知科学家劳伦·雷斯尼克（Lauren Resnick）提出的"负责任的交流"（accountable talk）］更有可能在讨论和对话当中，而非在指令或说教中产生。[2] 雷斯尼克认为，负责任的交流有助于学生跨越社会经济地位和语言的差异。开发一套在合作中使用的话语体系，使用规程[3]、思维路径[4]、量规和言行规范等合作工

---

[1] Alexander, R. (2008). *Towards dialogic teaching* (4th ed.). York, England: Dialogos.——作者注
[2] Michaels, S., O'Connor, M. C., Hall, M. W., and Resnick, L. (2010). *Accountable Talk® sourcebook: For classroom conversation that works*. Pittsburgh: Institute for Learning.——作者注
[3] 规程是一种步骤明确的操作流程。使用规程进行讨论，能聚焦讨论的内容并促进学生反思。——译者注
[4] 思维路径是用设计好的一组问题或一连串简要的步骤来帮助和支持学生学习、思考。它有很多种，教师可根据学习场景和讨论的需要来选择。——译者注

具，注重构建集体与个人知识，都能促进有利于学习的对话。

❖ 开发一套在合作中使用的话语体系

为了给学生的合作对话提供支持，老师可以先引入相关的语句。"让学习可见"项目的老师梅莉萨·托纳谢尔向她学前班和一年级的学生介绍了一些关键词和句式，例如"启发"和"你是怎样做……的"。学生在积木区搭房子、画画和写作的时候，梅莉萨会时刻注意他们的言行规律。当她注意到孩子们在共同学习或互相学习时，她会说："看样子你们都从别人那里得到了很多启发。你们在互相分享自己正在做的事情吗？"梅莉萨给全班学生和学习小组搭建了讨论框架，这样孩子们就可以讨论自己和同学手头的工作。她会用这样的问题开头："这个想法是从哪里来的？""你是怎么学会做这个的？""从别人的画里，你觉得有什么是自己可以借鉴的？"梅莉萨还介绍了一些帮助孩子介绍自己和他人工作的句式，比如，"……给了我灵感""我注意到……""另一种可用的方法是……""我想知道……""也许……""你是怎么做……的"和"如果……会怎么样"。

❖ 规程、思维路径、量规和言行规范

使用规程、思维路径、量规和言行规范是支持多元对话的有效方法。规程提供了一个可预见且安全的环境，让学生能带着开放的心态去学习和探究。[①]（想了解成人学习行为记录的讨论规程，请参阅第12章工具8至工具10）

思维路径是一种短小精悍、易于上手的工具。它可以融入课堂，鼓

[①] McDonald, J., Mohr, N., Dichter, A., and McDonald, E. (2003). *The power of protocols: An educator's guide to better practice*. New York: Teachers College Press.——作者注

励深度思考。①（想了解两种常用的思维路径——"看—想—问"和"反馈阶梯"，请参阅第 11 章工具 5）相较于对学习评头论足（"我喜欢这个""这个不错"），孩子们更热衷于观察、描述、思考和提出疑惑。

量规是一种明确的、达成共识的学习评估工具，它可以促成高效的对话并引导学生去批判和质疑。量规规定了衡量最终成果的重要标准，以及标准的质量等级，从而让老师和学生明确学习预期。它将教学和评估有机结合起来。②

最后，规范时刻提醒着学生的言行，从而为高效对话提供支持。不同的课堂可能有不同的言行规范。例如，"有不同意见没问题"意在告诉学生不同的观点可以促进大家学习。再如，"注意你的发言时长"意在提醒学生给他人留出发声的机会。

给予和接收反馈是一种不易拿捏的对话形式，需要学生充分练习，而老师则需要相信学生有能力提出有价值的反馈。一次成功的反馈需要接收方的包容，也需要给予方具有提出建设性意见的能力。言行规范可以降低给予反馈时的为难与顾虑。"你不需要完全采纳我的建议"可以提高学生对批评的接纳程度。同时，承认不是所有的建议都需要被采纳，也让提出建议的人更有勇气表达自己的观点。教育家罗恩·伯杰提出了有效反馈的三条原则：友善、具体、有帮助③。其他有用的反馈方式还包括：开始的时候让学生安静地观察和思考；邀请展示人或者作者先发言或者准备发言，然后请他们在整个讨论结束前都静静地聆听；请一位朋友和展示人站在一起；让学生看到反馈的好处。

---

① Ritchhart, R., Church, M., and Morrison, K. (2011). *Making thinking visible: How to promote engagement, understanding, and independence for all learners*. San Francisco: Jossey-Bass.——作者注

② Andrade, H. G. (2000). Using rubrics to promote thinking and learning. *Educational Leadership,57*(5), 13–18.——作者注

③ Berger, R. (2003). *An ethic of excellence: Building a culture of craftsmanship with students*. Portsmouth, NH: Heinemann.——作者注

✳ 构建集体知识

我们发现,许多协作学习和其他小组学习技术仍然被视为提升个人成就的教学策略。然而,学习小组的重点其实可以跳出个人学习的范畴,转向构建集体的知识系统。构建集体认识需要将个人的想法放到小组中不断讨论、比较、阐述和改进。相比于学校中经常开展的各种彼此割裂的课堂活动任务,分享和丰富小组知识更直接地反映了"目的性"这一学习原则。在学习特写中,老师和学生专注于创作作品(短片、书、门或方程式),这些作品影响的不仅是学生个人,还有整个课堂甚至课堂之外的人。

为成年学习者创造小组讨论机会也会让他们受益匪浅。在波士顿的李学院试点学校,我们引导幼儿园和学前班老师在整个学年中开展了10次会议。在每次会议上,老师们都会分享他们的课堂学习行为记录,然后听取同事的建议,为培养孩子的叙事能力提供支持。为了让会议能够承前启后,并持续记录老师们的新想法,我们创建了一份文档专门收集大家的见解和可行的教学方法。随着时间的推移,老师们不断补充和修正文档中的信息。后来,特别是在第二年,当老师们已经非常熟悉培养叙事能力这一话题的时候,这份文档便成了他们的重要参考资料。[①](想了解如何引导成人学习小组,请参阅第12章工具7)

有意识地分组

虽说小组学习特别适合交流想法,达成共识,可实际上,小组学习往往只占课堂时间的一小部分。一项调查了1000多名美国一、三、五年级学生的研究发现,他们将近90%的课堂时间不是在做全班活动,就是

[①] Mardell, B. (2012). Making learning visible at the Lee Academy pilot school. In G. Perry (Ed.), *Our inquiry, our practice: Undertaking, supporting and learning from teacher research(ers)*. Washington, DC: National Association for the Education of Young Children. ——作者注

在自己的位子上学习。[1] 其实，小组学习可以把有共同兴趣爱好的学生聚集在一起，也能培养他们聆听的习惯，还可以鼓励大家分享多元的视角。在"一扇小黄门"中，艾娃和贝特尔在一起绘制图表。正是在和艾娃深入交流后，贝特尔才豁然开朗想通了问题。这种深入的交流是不太可能在全班学习的环境中发生的。

老师总是希望学生能在自己的眼皮子底下学习，有时他们还会担心小组产生的想法可能是错的，担心学生在小组里谈天说地不做事，或没法解决组内的分歧与疑惑。在小组学习开展不顺利时，老师就不再分组了，于是又回到大班课的原点。问题是，如果没有尝试过在小组中学习，学生就不能提升自己的合作技能，也不能和他人形成良好的合作关系。因此，如何分组是一个重要的课题。

学习小组的成员是决定合作能否成功的关键，所以花时间思考如何分组是非常必要的。每个成员的参与度、能力和合作意愿，以及如何平衡自身能力和任务难度，都会影响整个小组的产出。虽然没有什么分组的万能公式，但小组学习专家伊丽莎白·科恩（Elizabeth Cohen）指出，现有的研究可以给我们提供一些思路。例如，按种族比例分组（比如，如果三分之一的学生是亚裔美国人，那么就在每个三人小组中都安排一个亚裔美国人）是非常不妥当的，因为学生可能会将关注点放在刻板印象和社会地位上，从而阻碍真正的学习。[2] 多元的小组对那些学术能力较弱的学生特别有帮助，一般来说也不会带给能力强的学生什么负面影响。此外，多元的小组还可以培养孩子的元认知与换位思考能力。

然而，能力强的学生或他们的父母可能会抵制多元的小组，担心能力弱、看起来学习动力不足的小组成员"拖他们的后腿"。我们并不是说要杜绝按能力分组，只是说仔细考虑本章提到的小组合作因素，例如，任务的性质、适时穿插个人和小组学习、按学情分组等，可以增加多

---

[1] Pianta, R., Belsky, J., Houts, R., and Morrison, F. (2007). Opportunities to learn in America's elementary classrooms. *Science, 315*, 1795–1796.——作者注

[2] Cohen, E. (1994). Restructuring the classroom: Conditions for productive small groups. *Review of Educational Research, 64*(1), 1–35.——作者注

元小组成功的可能性。在当今这个从学前班开始就按能力划分学生的时代[1]，我们建议大家更合理地搭配使用同质小组和多元小组。

瑞吉欧的教育工作者们已经确定了分组时需要考虑的几个因素，包括亲密与友谊（信任是合作的重要因素）、素养和技能的平衡，以及孩子对任务的兴趣。[2] 小组的规模也很重要——小组规模越大，每个孩子分享想法的机会就会越少。瑞吉欧的教育工作者们还发现，同性别小组和混性别小组的合作方式是不同的。不过，学生进入青春期后，分组和性别的关系又会发生改变。（想了解分组的更多考量因素，请参阅第11章工具3）在这里，我们只强调建立成功小组的两个关键策略：一是评估学生的需求、优势和兴趣，二是融入学生的意见。

✖ 评估学生的需求、优势和兴趣

尽管考虑学生的需求、优势和兴趣会涉及多个学习原则，但是学习的目的性和情感性可能是最显而易见的。共同的兴趣或热情是小组成功的重要条件，其他影响因素的权重在很大程度上取决于项目的目的和性质。在"'导演你好'"中，克里斯托弗、罗茜和西蒙花了很长时间策划马拉松比赛的短片。他们三个人自愿牺牲表演课和玩儿积木的时间继续埋头苦干，从某种程度上说，这是有意识地分组的结果。他们的老师说，虽然他们三个不是最要好的朋友，但他们互相了解，彼此相处得很好。西蒙性格外向，对自己参与的项目充满了热情，而这份热情极富感染力。罗茜擅长帮助团队达成共识，克里斯托弗则有制作视频的经验。他们似乎是一个很好的组合，后来融洽的合作也印证了这一猜想。

安的列斯学校（Antilles School）位于圣托马斯岛。学校学前班的孩子对岛屿周围的珊瑚礁进行了为期两个月的研究。研究接近尾声时，老

---

[1] Baker, A. (2013, January 12). Gifted, talented and separated: In one school, students are divided by gifted label—and race. New York Times. www.nytimes.com/2013/01/13/education/in-one-school-students-are-divided-by-gifted-label-and-race.html?emc=tnt&tntemail1=y ——作者注

[2] Project Zero and Reggio Children. (2001). *Making learning visible: Children as individual and group learners*. Reggio Emilia, Italy: Reggio Children. ——作者注

师泰晤士·肖（Thames Shaw）决定把学生分成小组，让他们分享在研究过程中学到的知识。泰晤士的分组目标是让每个孩子都能在小组中发光发热。她发现有五个学生对制作小玩意儿很感兴趣。他们喜欢写迷你字母，画迷你画。于是，泰晤士向这五个孩子提出了一个挑战——制作一个能展示珊瑚礁美丽的作品，并说明为什么珊瑚礁应当受到保护。五人组愉快而用心地制作了一个小型雕塑，用来展现珊瑚礁及生活在它周围的生物。

在泰晤士分的第二个组中，有一个不太自信的男孩。泰晤士想帮助他建立自信心，便把他和三个她知道一定会鼓励男孩发声的孩子分到了一起。这个小组共同完成了一个指导人们关爱珊瑚礁的指示牌。

泰晤士把三个才开始识字的女孩和一个识字能力很扎实的男孩放到了第三组，因为这个男孩经常充当同伴的支持者，鼓励和庆祝大家的辛苦努力。泰晤士希望他能帮助女孩们练习识字，并且巩固她们的学习。泰晤士要求这个小组列出他们所知道的生活在珊瑚礁上的所有生物。听了男孩的建议后，一个女孩在百位表的帮助下，用英文写下数字，记录他们列出的生物数量。这个小组最终在他们的生物多样性表中列出了35种生物，其中包括沙钱、螃蟹、海星和鱿鱼。

融入学生的意见

短片策划委员会的成功离不开克里斯托弗、罗茜和西蒙的自愿付出。而在马蹄蟹科学单元开始之前，阿曼达·范弗莱克（"关注学生的参与"中的老师）决定让她四年级的学生参与到分组的过程中来。在分组之前，她向全班展示了上个单元学习中一个小组的课堂视频片段，目的是帮大家反思小组学习是什么样的。然后，阿曼达问学生想如何分组。学生意见各异：大多数人希望自行分组，一些人想随机分组，还有一些希望阿曼达来分组。显而易见的是，那些想要随机分组或让老师分组的学生担心，一旦自行分组，自己会被拒绝或落单。阿曼达鼓励孩子们思考怎样才能照顾到班上所有人。经过半个小时的讨论后，他们选择了自行分组，并保证会考虑到每一个人。为此，他们建议分成三人或五人小组（而不是四人），这样便于增减人数，令全班的分组更为灵活。与前一周科学实验课上老师安排的分组（阿曼达描述为"低效且散漫无章"）相比，学生在自行组成的小组中工作更专注，合作更融洽。

随着时间的推移，孩子们逐渐明白，分组应当建立在良好的工作关系上，而不是仅考虑谁和谁要好。回想起"一扇小黄门"这个项目，艾娃说："和别人一起工作真的很难……合作中会出现很多问题，有时候好像我一直在听贝特尔的，有时候好多事情都是我在做。但我觉得贝特尔是一个很好的合作伙伴，因为她做了一些事，我也做了一些事，我们都没有自己一个人负责所有事。"

适时穿插个人、小组和全班的学习活动

不同的环境支持不同类型的学习。独立学习有利于学生巩固知识、理清思路并进行反思。全班性的交流可以培养集体认同感，催生看待事物的不同视角，给个人或小组项目注入能量、提供目标、给予反馈，也可以帮助全班做出决定。正如前面讨论的那样，小组能很好地支持学生聆听彼此，激发有意义的交流。

有策略地适时穿插这三类学习是支持个人学习和小组学习的核心。无论是孩子还是成人，如果在加入小组或全班的头脑风暴之前，给他们一些独立思考的时间，他们往往会在后面的讨论中收获更大。[1] 在全班讨论中，老师可以让学生转身和同学交流。个人和小组可以利用全班会议，分享新点子、听取反馈和观点、建立集体知识。学生独立工作时（例如画画或写作），老师可以让他们暂停，在教室里四处走走，去看看其他人的作品，然后再继续手头的工作。此时，学生可能已经在观察中获得了新的灵感。在小组学习停滞不前的时候，征求其他小组成员或全班同学的意见可能比征求老师的意见更有用。在安排这三类学习时，精心规划、利用科技，以及突破教室的空间限制，都能提升教学效果。

---

[1] Sutton, R., and Hargadon, A. (1996). Brainstorming in context: Effectiveness in a product design firm. *Administrative Science Quarterly, 41*(4), 685–718. —— 作者注

精心规划

学习特写中的老师们根据学生的需求和项目的需要，巧妙地计划和安排了不同的学习方式。在学生开始为《春池中的生物：图鉴和民间故事》撰写物种介绍前，马特·利夫让七年级学生一起讨论了优秀写作应具备的特征。在这次交流中，马特和学生共同设计了一份量规，每个学生都可以根据量规的要求完成作品。同时，量规也为后来的小组反馈环节提供了参照。

为了帮助高中生探讨“伟大”的本质，琼·索布尔先是邀请他们在小组中互相采访，以便他们了解彼此对“伟大”的理解从何而来，然后让学生写一篇关于“伟大”的文章。接下来，她用这些文章和小组访谈视频，引导全班一起讨论大家对“伟大”的不同看法。

在“‘导演你好’”中，两位老师经常给学生独立思考的时间，然后让他们分享自己的想法（比如，先画场景，然后把场景放在分镜头剧本上）。克里斯托弗、罗茜和西蒙为了收集反馈也跟全班分享了他们的想法，这些反馈帮助他们更合理地串联起不同场景。尽管大部分时间他们合作得非常融洽，但在给短片命名时却难以达成共识，后来经过全班讨论他们才打破了僵局。

利用科技

科技也能帮助我们更有效地安排不同的学习方式。视频会议和其他通信工具让处于不同教室、不同学校、不同地域却有着共同兴趣的个人与小组聚在一起交流想法。这为支持和分享小组内外的学习开辟了新的途径。诸如推特（Twitter）等支持多人对话的社交媒体让师生之间有了更多、更好的互动。这些工具为师生提供了论坛，让他们可以发表和记录评论，提出和回答问题，找出想法之间的关联，并且澄清误区。“了不起的摩天轮跳水”中的老师道格·麦克格莱瑟在十一年级和十二年级的统计学课程中使用了在线课程管理系统 Moodle。道格经常让学生用 Moodle 的“问答”功能继续探讨他们在课上提出的问题。在使用

Moodle 的过程中，学生的个人思考转化成小组交流；而且学生只有在发表了评论之后，才能看到或回复同学的评论。道格的学生说，这个工具帮他们巩固并延伸了课堂上的学习。一个学生说："回过头来花时间思考课堂上的问题，确实能改变你的认识和想法……在课堂上，如果有人和你争论，你的情绪可能容易激动。但是等你回到家后，也许你会找到更好的方式形成自己的想法，你的想法会变得更有说服力，也许你会有新的发现。"

✖ 突破教室的空间限制

适时穿插个人、小组和全班的学习活动也可以突破教室的空间限制，将家长、学校管理者、其他班级的师生以及社区的成员吸收进来。这些群体可以提供信息、贡献新的观点，并成为正在进行或已完成项目的友好观众。在"何为'伟大'"中，琼·索布尔跟同事一起回顾了学生的学习，又把同事的感想录成视频分享给学生。在"一扇小黄门"中，妮科尔·查斯带领学生在四年级教室外看哥哥姐姐们制作的图表，希望孩子们能从中了解数据的呈现形式。在"'导演你好'"中，孩子们的动力是与家人分享他们和同学在波士顿马拉松研究项目中学到的东西。家庭也可以在学习单元的开始阶段（分享资源和对孩子的学习提出期望）或项目进行期间（提供反馈和专业知识）加入进来。（想了解让家庭参与支持学生学习的不同方式，请参阅第 14 章工具 17 至工具 21）

对年纪小的孩子来说，小组学习会加深他们对课程的印象，巩固记忆。已升入二年级的艾娃在回想上学前班时参与的"一扇小黄门"项目时说："这个项目非常特别，因为一辈子只有一次这样的机会，其他学前班的同学都没有这样的机会。"在"春池"项目中，曼迪和马特教的那些七年级学生现在已经上高中了，他们很惊讶在参与这个项目时做的事情竟然仍历历在目。回忆自己是如何帮助当地保护一处重要的自然资源时，他们眼里充满了自豪感。诺拉和琼都认为解决"了不起的摩天轮跳水"问题是她们高中四年里最有意义的经历之一。

第 9 章
细述学习行为记录那些事

在教学领域,记录并不是一个新概念。许多熟悉它的老师经常把它与评估和成绩报告单联系在一起。记录这件事还可以跨学科使用,有时也会被应用到商业和技术领域。大多数被称为记录的文件都强调客观。在本书中,我们将记录定义为:通过各种媒介观察、记录、解读和分享学习过程与成果,以拓展学习深度和广度的实践[1]。这个定义与传统定义都相信,就研究和交流而言,收集和审视看得见、摸得着的学习证据是非常有价值的。这些证据让其他人能够回溯、解读和重新诠释某段学习经历,甚至创造一段新的学习体验。该定义与传统定义的一个根本区别在于,记录的目的不仅是保留历史或提供参考,也是塑造未来的学习体验。

在我们的上述定义中,动词比名词多,而这恰恰是我们的用意。我们没有那么强调收集到的物品——观察笔记、照片、视频或学生作业,而是更重视记录这些东西的行为。尽管如何记录、记录什么也很重要,但更关键的是要明白记录学习行为本身并不是目的。为了让学习行为记录发挥自身的作用,老师和学生必须好好地利用它。老师可以通过记录学习行为来深化学习——他们自己的学习、学生的学习、同事的学习、家长的学习,甚至是公众的学习。

---

[1] 本书将涉及这个新定义的"记录"都译为"学习行为记录"。——译者注

学习行为记录：远不止一个精致的最终作品

才开始接触学习行为记录的老师往往会陷入这样一个误区，认为记录就意味着拍摄大量的照片或制作漂亮的展板。为什么？也许因为瑞吉欧的老师们制作的视觉论文和展板太过惊艳，成为大家做学习行为记录的典范。虽然那些视觉论文包含丰富且深刻的内容，而且在制作上耗费了大量的时间，但是它们并不代表学习行为记录的全部。瑞吉欧的学习行为记录大多被用来引导大规模的教育实践，以及塑造社会对儿童、教学和学校的认知，却很少用来引导教师的教学决定，以及塑造与深化学生的理解。

除此之外，仅仅停留在记录的最表层，即图片、录音、录像、笔记、学生的作业，等等，也会让老师迷茫，除非他们带着目的收集这些信息。刚开始做学习行为记录的人习惯于用传统观点来看待这个工具，也就是仅仅"记录我们做了什么"。可学习行为记录不仅有回顾性，而且有前瞻性。它的目的不仅仅是向他人展示发生了什么，首先且最重要的是让学生在前行中受益。[1] 如果不了解学习行为记录在学习过程中是如何帮助学生、引导学习的，老师往往就不知道该从哪里入手。总体来说，他们常常会纠结于什么时候记录、记录什么，以及记录好了之后该做什么。所有这些问题的答案都是：视情况而定。

什么时候记录

这些问题之所以难以回答，其中一个原因就是，在学习过程中，学习行为记录的目的以及它的服务对象是多种多样的。明确记录的目的，

---

[1] Mardell, B., Turner, T., Bucco, C., Donovan, M., Fiarman, S., Hamel, I., Krechevsky, M., Monahan, D., Seidel, S., Sutter, C., and Thies, A. (2003). *Making teaching visible: Documentation of individual and group learning as professional development*. Cambridge, MA: Project Zero.——作者注

可以帮助老师决定收集什么类型的信息，以及如何利用这些记录来帮助不同的学生。（想了解更多有关收集和分享学习行为记录的信息，请参阅第 13 章中的工具）

许多老师发现，可视化工具有助于安排学习行为记录的时间和对象。下面的矩形图展示的是为了提升学习的深度和广度，老师可以在哪些情境中使用学习行为记录来让学习可见。图中的四个格子强调了针对不同的学习阶段和不同的对象，学习行为记录可以服务于哪些目的。这些目的不一定会完全落入某一个格子中，因此，在格子之间我们用的是虚线。举例来说，同一个记录既可以用于支持学生在课上的反思（左上格），也可以用于课后张贴在公告板上与其他人分享（右下格）。如果做学习行为记录的主要目的是建立（时间的、相关性的和概念的）联系与交流，那么"谁属于这个学习小组，谁不属于这个学习小组，学习是什么时候开始的，又是什么时候结束的"这些问题，就没有那么明确的答案了。

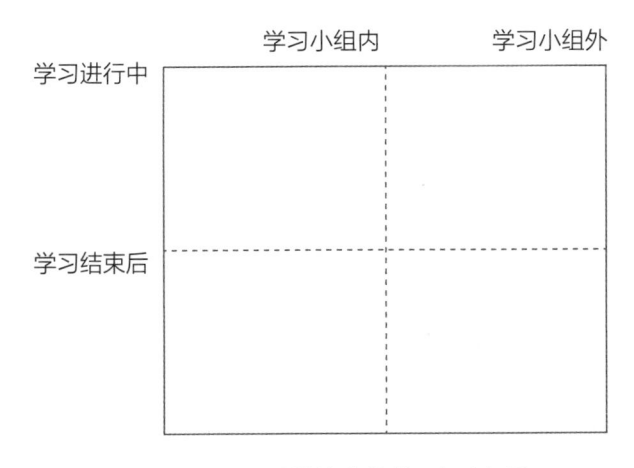

	学习小组内	学习小组外
学习进行中		
学习结束后		

四种情境中的学习行为记录

为了让这张矩形图充分发挥作用，我们需要定义什么是学习小组的"内"和"外"，学习"进行中"和学习"结束后"是指什么。情境不同，小组的成员也是不同的。一般来说，"学习小组内"包括那些最积极地参与眼前学习的人，而"学习小组外"则几乎包括了其余所有人。

同样，是在学习进行中还是结束后使用学习行为记录，取决于老师对学习体验的定义。在一个单一的活动、一个为期一周的单元、一个持续两个月的项目或持续一学期的课程中，学习都可以发生。不管时间长短，学习活动往往都想要达成某个目标——理解一个新概念、习得一项新技能，或者创作一个反映学习情况的作品。所有帮助学生实现目标的活动都可以归入"学习进行中"的区域。需要注意的是，并不是每份记录都能或必须覆盖所有四个区域，只要能支持学习就足够了。

为了更好地说明这四种情境，让我们来回顾一下"了不起的摩天轮跳水"。

- "学习小组内"包括琼、诺拉和她们的老师道格。在做学习行为记录的时候，老师或成人也成了学生。
- "学习小组外"包括学校里的其他学生、物理老师、预科微积分老师和她的学生，以及见过琼、诺拉和道格的作品与学习行为记录的所有人。还包括道格的同事、参加期末全校师生学习展示会的其他人（诺拉和琼在期末展示会上展出了她们的作品）、本书的读者，以及参加"让学习可见"工作坊的老师（"零点计划"的研究人员在工作坊上分享了这个项目）。
- "学习进行中"包括琼和诺拉在完成作品的过程中采用的让学习可见的所有策略，如在走廊上制作展品、录下与同学的对话以引发新的研究问题。在此过程中，两个女孩获得了许多反馈，这些反馈进一步推动了她们的学习进程。
- "学习结束后"包括项目结束后分享学习行为记录的所有尝试——走廊上的最终展品、琼和诺拉在预科微积分班上的分享、两个女孩和道格在期末展示会上的展示，以及本书中的学习特写。

有的老师想知道是否应该增加"学习开始前"一项，以便在开启新活动、新单元或新学年之前能够回顾此前所做的记录，例如在"'导演你好'"中老师在筹备项目时进行的多次讨论。然而，学习行为记录都来自以往的学习经历，它即使被归入"学习结束后"的区域，也能作为下一次学习开始前的参考内容。

学习行为记录的四大实践

结合本章开头介绍的定义,以及学习特写的内容,我们想向大家介绍学习行为记录的四个关键实践,旨在帮助老师、学生和其他人在不同情境下用记录来支持学习并进行交流。在这部分的内容中,我们会更细致地探讨每一个实践,明确每一个实践的策略及目的。

❖ 观察:学习行为记录的核心

每一间教室都有大量需要老师关注的事情——小组活动的内容和节奏、学生是否理解了主题、哪些学生在积极参与而哪些没有等。毋庸置疑的是,在日复一日、年复一年的教学中,即使老师已经设法记录下大量信息,他们还是会错过很多细节。可想而知,老师总是在根据猜测采取行动。

退后一步,带着好奇心观察

在让学习和学生可见的课堂上,老师总是试着退后一步,带着好奇心去观察,以便从瞬息万变的信息中捕捉重要线索。他们经常把自己第一次后退、仅仅旁观不再插手的瞬间看作实践学习行为记录的首个突破。"何为'伟大'"中的老师琼指出:"当老师开始把更多的注意力放在学生身上而不是自己身上时,他们就取得了了不起的进步。"瑞吉欧的同事们经常把学习行为记录描述为"一种心态"、一种记录的方式和一种证据。

在"关注学生的参与"中,阿曼达的第一次顿悟时刻出现在学生的自选时间,那时她正观察学生玩儿刚做好的陀螺。首先引起阿曼达注意的是教室里的音量异常高,学生从这一组跑到那一组,明显偏离了任务。她的第一反应是让学生安静下来,回去继续手头的任务,但她并没有那样做,而是旁听了几个小组的对话,而听到的内容让她非常高兴。其中一组激动地喊出他们在陀螺旋转时看到的颜色——这些颜色与陀螺静止时的颜色是不同的。一个男孩离开他的小组,与另一组的同学观察陀螺的大小对旋转时间的影响，并对比了两组的数据。学生对自己的发现异常兴奋，因此阿曼达决定支持他们进一步实验。

当老师不再发号施令、提供答案，而是退后一步进行观察时，他们开始问自己这样的问题："发生了什么？""哪些事情是出人意料的？""学生知道什么？对什么感兴趣？这能够带给我什么启示？"迈向培养好奇心并让问题驱动学习的第一步，就是对意料之外的事情保持开放的心态，并质疑自己提出的假设。更有意识地关注课堂上意想不到的事情，可以让我们深入了解学生作为个体和小组成员的身份，也会对学习的本质产生新的见解，还会给教学提供新的方向。

如果你想着手创建学习行为记录，可以从这个策略入手：捕捉一些意想不到的瞬间，好的坏的都可以，然后密切观察发生了什么（参见第13章工具12和工具13）。课堂上的情感，例如喜悦、兴奋、困惑，甚至冲突，都是衡量学习质量的重要指标。关注这些可能会挑战老师对学习本质以及学生的预设。老师在停下来观察哪些学生在参与，他们在说什么或做什么，以及他们看上去在想什么，有什么样的感受（包括老师自己的思考与感受）时，便获得了丰富的信息和新颖的视角，进而更好地识别、应对课堂上的各种情况，更深入地了解学生所扮演的角色。

对这样的瞬间保持开放的心态颇具挑战性，却至关重要。斯坦福大学的研究员帕姆·格罗斯曼（Pam Grossman）指出，挑战自己对学生所持的固有观念不仅是教师成长的标志，也是教师学习共同体富有成效的表现。[1]哈佛大学心理学家埃伦·兰格（Ellen Langer）的研究表明，灵活的思维模式是正念练习的根基。[2]退后一步默默观察，也有助于老师更专注地展开探究。

有意识地探究

与保持开放的心态同样重要的是有意识和有目的地进行观察。老师

---

[1] Grossman, P., Wineburg, S., and Woolworth, S. (2001). Toward a theory of teacher community. *Teachers College Record, 103*, 942–1012. ——作者注

[2] Langer, E. (1989). *Mindfulness*. Reading, MA: Addison-Wesley. ——作者注

可以用特定的问题引导自己去观察（以及收集学习行为记录，我们将在下一节中讨论这一点），而这些问题会帮助我们决定何时、何地观察谁。让学习和学生可见的老师会通过设计与学习有关的问题来打磨他们有关学习过程和有效教学的知识。

有意识地探究通常会从与学习的五大原则相关的问题出发，比如，"对我和学生来说，什么样的学习是最有意义的""学习的社会性是怎样促进或限制学生的学习的""学习的内容和过程给学生带来了怎样的情感体验""当学生被要求与别人分享自己的学习时，学生的学习发生了什么变化"（可展示性）"老师如何帮助学生自主学习"（赋权性）。

在"'导演你好'"中，本和雷切尔在观察到一个小组在没有成人干预的情况下能很好地解决问题后，决定在学习过程中给孩子们更多的自主权。两位老师的一个探究重点是给孩子们提供何种类型的支持，比如分镜头剧本，使他们可以自主地在小组中工作。这个尝试随后成为下一次观察的重点（通过视频来记录）。于是，本和雷切尔就进入了一个探究的循环，并不断提炼他们可以为孩子们提供的支持。

提出一个假设或引导性问题有助于提升老师的思维并建立结构化的观察。在"何为'伟大'"中，琼首先提出了一个假设，那就是她的学生可能会把包容不同观点与发自内心地思考不同观点混为一谈。有了这个假设后，琼便开始思考怎样才能让学生深入了解其他人对"伟大"的理解——这不仅是琼无比重视的能力，也是州核心标准中的一项内容。[1]尽管琼的侧重点没变，但在此基础上，她又提出了新的相关问题，如，"怎样确保每个人的想法都能被听到""达成共识有多重要""学生都在认真地聆听彼此的想法吗"。

在每一个特写中，老师的问题都直接影响记录的方式、内容和时间，以支持学生的学习。提出问题能让老师有重点地观察，限定收集数据的

---

[1]《马萨诸塞州英语语言艺术与识字课程框架》："……学生通过阅读和倾听来积极了解其他观点和文化，能够与不同背景的人有效沟通。他们以批判性和建设性方式评估其他观点。""口语和倾听：灵活沟通和协作（学生必须学会合作，认真表达和倾听想法，整合来自口头、视觉、数据和媒体资源的信息，评估他们听到的内容……）"——译者注

范围，从而让分析变得更准确。尽管开放心态和有意探究听上去有些矛盾，但它们相互补充，为老师用学习行为记录来加深自己对教与学的理解提供了切入点。

❊ 记录：捕捉学习过程和成果

捕捉学习过程和成果是学习行为记录的重要组成部分。老师在观察中记录下来的内容是解读和分享的基础，也是进一步探究和构建知识的关键。学习行为记录将看不见摸不着的思维和理解过程"客体化"（objectify）。虽然"客体化"这个词通常有负面含义[①]，但在这里我们用它来描述化抽象为具体的实践。哈佛大学教育学院的心理学家、教授罗伯特·基根（Robert Kegan）认为，认识事物的能力依赖于将该事物从"主体"（透过滤镜看到的）转换成"客体"（置身事外去观察）。[②] 向客体转换后，知识才变成可以思考和使用的东西。当我们抽离出来，从外部审视原本意识不到其存在的知识时，我们就能以某种方式影响它。学习行为记录利用看得见、摸得着的学习证据为学习提供了新的突破口，凸显了学习的社会和情感原则，让学生能随着时间的推移建立起各种联系。

收集看得见、摸得着的学习证据

一段有迹可循的学习经历能让师生从新的角度——跳出自我和直接经验——回顾他们做了什么。如果没有学习行为记录，师生只会将记忆默认为自己真实的思考和经历。可记忆是有局限性的，因为一个人在事后能记住的信息非常有限。久而久之，大多数信息都流失掉了，且能被唤起的记忆可能受限于我们固有的理论和假设。

记录学习行为有助于培养基根所说的主客体转换意识，并促使学生发展元认知技能。在"关注学生的参与"中，老师把小组的工作视频分

[①] objectify 一词也有"物化"的含义，即去人格化。这一含义常常带有贬义。——译者注
[②] Kegan, R. (1989). *The evolving self*. Cambridge, MA: Harvard University Press. ——作者注

享给学生，使学生得以从外部视角审视自己的行为和彼此的互动，反思在这些时刻都发生了什么。这样，学生在重温一个令自己纠结，但大家却能应付得来的时刻时，能够后退一步去衡量任务的难度，判断当下行为和策略的有效性。这些可感知的记录和围绕它们所展开的讨论让学生能更好地理解自己的行为，同时思考以后该怎样做。

看得见、摸得着的学习证据对老师也有类似的帮助。看到自己在课堂上做的事、说的话，老师们往往会大吃一惊，因为当时他们对此毫无意识。阿曼达和几位同事常常一起研读学习行为记录，从外部视角观察教学视频总能让他们耳目一新。一位叫苏珊娜的老师听到自己在一个本该由学生主导的活动中滔滔不绝地讲话，感到非常惊讶。于是，她制订了一个少说话的计划。另一位叫蕾切尔的老师注意到，一个她觉得经常"跑题"的学生一直在回答她早些时候提出的问题，由此她意识到，有些学生在回答问题时需要更多时间。

老师们可以用不同媒介来记录学习行为，这样就会激发多元的聆听方式，唤起不同的回忆、见解和感受（详见第13章工具14和工具15）。不同媒介也会引发不同的学习方式，为多元的学生群体创造公平的学习环境。在本书的学习特写中，老师和学生收集了各种形式的学习行为记录来支持与反映学习。在"一扇小黄门"中，孩子们用照片记录他们发现的门，然后把这些照片分享给全班同学。他们的画和图表让老师看到了他们的表达能力和组织信息的能力。学生互动的视频，比如记录艾娃和贝特尔制作图表过程的视频，不仅反映了他们的理解，还展示了他们学习的社会与情感方面。比如说，当贝特尔豁然开朗时，两个女孩都很高兴。

从学习中获取的图像、声音和其他可感知的蛛丝马迹，不仅能激发情感，还能促进思考。在学习特写里，老师通过挖掘学生学习感性的一面，在整个过程中不断调整学习内容。阿曼达在课堂上录制的视频让学生回想起因为任务太难和缺乏合作而产生的沮丧，也激励他们思考之后如何更有效地合作。在琼录下的视频中，学生积极地表达自己的想法和感受，她用这些互动影像鼓励学生与同学建立更深的联结。

在支持幼儿之间的交流方面，图片是一种非常有用的记录方式。贝齐·达米安是马萨诸塞州剑桥市托宾学校（Tobin School）的一名学前班老师。在某天的自由活动时间，她观察到班上的所有孩子都不约而同地参与到一个小组项目中。这引发了她浓厚的兴趣。孩子们沿着操场的大水泥墙开始堆雪球。他们把雪球从墙的这头一个接一个排开，直到墙的那头。第二天，贝齐越发好奇，所以她拍了一些照片给孩子们看，问他们在做什么。孩子们解释说："我们在给雪排队。""排队"是孩子们越来越熟悉的一个概念。在平日里老师会让他们排队吃午饭、排队去休息、排队坐校车回家。在给雪球排队的过程中，孩子们行使了自己的排队指挥权。让贝齐无比惊讶的是，她拍摄的照片让所有孩子都参与到讨论中来。在这之前，这群以英语非母语者为主、没有太多共同语言的学生几乎从未进行过这样的讨论。通过这次讨论，贝齐对孩子的思考有了更多了解，也看到了影像记录是如何支持语言能力发展的。贝齐把这些照片做成了一本小书放在教室图书角里，孩子们经常拿出这本书讲述这段故事。

学习行为记录通过很多方式支持学习的社会性原则。利用记录捕捉的信息，师生得以就学习经历、所学知识和参与者的重要性进行交流。电子相册、家庭视频和社交媒体都加强了我们与不同群体的联系。学习行为记录在课堂中也具有类似的作用：帮助师生以学习者和人的身份相互联系。

记载"集体的记忆"

瑞吉欧幼儿园的高级教师蒂齐亚娜·菲利皮尼把学习行为记录称为"集体的记忆"。人们总会带着照相机去旅行或参加重要活动，因为照片可以在之后的时光里帮我们回忆起这段经历，有时还能唤起那些照片没有捕捉到的片段。也许因为校园生活是师生日常生活的一部分，所以大家通常不会有想要记录各种瞬间的冲动。然而，当老师留心捕捉关键的、转瞬即逝的学习过程时，他们就可以和学生一起成为集体记忆的守护者，就有机会在以后重新审视这些经历，庆祝点滴收获，也可以让其他人参与进来。

收集这些学习证据还能深化学习，这对幼儿来说尤为明显。捕捉和重温学习中的关键瞬间可以保证学习的连贯性，帮助他们保持深层次探究所需要的兴趣和动力。"'导演你好'"讲的是西蒙、克里斯托弗和罗茜所组成的短片策划委员会的故事，它只是波士顿马拉松研究项目的一小部分，且这个项目早几个月前就开始了。本和雷切尔老师全程记录了项目的进展，来帮助孩子们记住他们在项目初期做了什么，一步步地学习了什么，并保持对这个话题的兴趣。为了帮助短片策划委员会启动项目，本给几位成员看了全班在项目第一阶段结束时整理出来的马拉松要闻清单。这份清单不光在短片内容上给他们提供了想法，也提醒他们制作这部短片的目的，那就是分享他们学到的东西。

学习行为记录就像一台时光机。从某种意义上说，它让老师有机会穿越到当时的学习情境重新操练一次。重温学习行为记录让本和雷切尔想起了他们第一次提出做马拉松研究时孩子们的问题。孩子们对42公里到底有多长完全没有概念，他们想知道学前班的孩子能不能跑那么远。听了孩子们提出的问题和假设，两位老师发现之前错过了许多学习的机会，于是决定重新引入距离的概念。本和雷切尔先给孩子们播放了这段提问的视频，然后提议大家一起去外面试着跑42公里，亲身体验一下它到底有多长。在绕着操场跑了两圈后，大多数孩子都累瘫在地上。当听到老师说真正的马拉松需要跑100个这样的大圈后，孩子们都表示难以置信，更深刻地体会到马拉松选手所面临的挑战。重温学习行为记录和准备接下来的教学内容息息相关。如果之后的学习内容来自学生提出的问题和想法，学生就会把自己当成学习的领路人。

学习行为记录还可以鼓励包容和参与，因为它为那些错过项目核心部分的学生弥补了遗憾。在波士顿马拉松的研究中，有几个孩子没能去现场观看比赛。因为这场比赛是过去几个月学习的重点，本和同事们用心地记录下全班认为重要的比赛环节。孩子们返校后，老师在教室里播放了马拉松比赛的视频和PPT。去了现场的孩子也利用这些记录向同伴讲述他们的所见所闻。在"一扇小黄门"中，并不是所有孩子都参与了项目的每个环节。为了让全班都了解情况并能自由地选择接下来的活动，妮科尔在晨会中加入了一个例行环节——邀请学生分享前一天的工作。在"关注学生的参与"中，阿曼达之所以记录达尼可的顿悟时刻，是因为她发现很多学生忽略了这个信息，她希望他们也可以从中获益。

当老师将记录重要的学习瞬间作为课堂文化的一部分时，学生就会更强烈地意识到这些瞬间的价值。老师可以让学生参与记录过程，这样学生就可以自己决定他们想要记住的时刻，并寻找记录的方法。

这种情况下，老师需要鼓励学生对重要的发现或见解保持敏锐的嗅觉，并在适当的时候为他们提供资源，供他们自行记录。在"一扇小黄门"中，孩子们自行决定了记录的内容，并创造了多种多样的记录方式——画画、做笔记、请妮科尔或约翰帮忙拍照。邀请学生参与进来还能解放老师的双手。在"何为'伟大'"中，主要是琼的学生在拍摄小组讨论过程。

学习行为记录的前两个实践——观察和记录，提供了输入性信息，但要想利用学习行为记录来拓展学习的广度和深度，老师还要对收集到的记录进行处理。接下来的两个部分会具体介绍如何解读和分享记录。

✳ 解读：引导反思，指导教学

通过观察和记录课堂中的对话与教学活动，老师能用新的视角来了解学生和他们的认知。同时，老师也需要通过观察和收集挖掘有用的信息。解读是学习行为记录至关重要的一环，也是区分记录和展示的重要维度。瑞吉欧的学者乔治·福曼（George Forman）和布伦达·法夫（Brenda Fyfe）指出，当老师拿出研究的态度收集各种信息，以便探索儿童的思维并预测教学成效时，展示就变成记录。[1] 正如我们将在本章最后一部分阐述的那样，当老师在记录中加入自己对学生行为的分析和解

---

[1] Forman, G. and Fyfe, B. (1998). Negotiated learning through design, documentation, and discourse. In C. Edwards, L. Gandini, and G. Forman (Eds.), *The hundred languages of children: The Reggio Emilia approach – Advanced reflections* (pp. 245–246). Greenwich, CT: Ablex. ——作者注

读时，学习行为记录就从信息载体变成教学工具。

遗憾的是，大家常常忽视对学习行为记录的解读。尽管背后的原因多种多样，但在这里我们想重点指出两个原因。第一，解读学习行为记录需要老师调整自己的思维范式。越来越多的学校采用正式评估，而正式评估要求老师客观记录观察结果，不带主观判断。有些时候，保持客观的确很重要，但如果记录的目的是证明或推翻假设、更好地了解学生、检查教学行为，老师就有必要阐明自己的想法，然后对比自己和他人（包括学生）对这份记录的解读。这是因为解读学习行为记录看重师生的想法，以及老师对学生的了解，反映了学习的社会性和赋权性原则。第二，老师总是抽不出时间。接下来我们会介绍三种策略，来帮助老师们进行解读，并利用从中获得的见解支持自己和学生的学习。

- 老师独自反思和解读学习行为记录。
- 与同事一起解读学习行为记录。
- 与学生一起解读学习行为记录。

老师独自反思和解读学习行为记录

解读学习行为记录能帮助老师锻炼本章前面提到的观察能力，也就是带着好奇心和探究精神来观察。许多老师会在自己无法到场的课堂上使用录音机或摄像机，它们就像另一双耳朵和眼睛一样，记录下声音和影像，从而拓宽老师的观察范围。回顾学习行为记录时，老师们经常很惊讶，甚至非常激动，因为他们常常会看到学生在没有老师在场的情况下仍能继续完成任务，互相帮助，指导自己和他人的学习。这些新发现会影响老师未来的决策和判断。

在"'导演你好'"中，本在看了一段视频后非常吃惊。在视频中，一组学生正在为之前他们研究过的马拉松选手制作奖牌，其间出现了意见不一致的情况，这让整组的工作停滞不前。然而，本注意到孩子们在没有老师干预的情况下能够自行解决冲突。这段经历让他对教学有了新的认识。在接下来的工作中，本据此设计了新的教学活动，比如，分镜头剧本。

在学习活动结束后解读学习行为记录的好处是，此时老师会有更多的思考空间。在"何为'伟大'"中，最开始只是塔利亚和维奥莉特在交流，与此同时老师琼把两个人的对话录了下来。虽然琼全程旁听了这段对话，但是她直到课下反思的时候才开始细细咀嚼维奥莉特说的一句话："每个人都有自己的想法。"琼想弄明白这句话是否会让学生觉得，既然大家都有不同的观点，就没必要深入思考他人的看法了。在接下来的几个月里，这个细微但重要的问题成为琼探究的焦点，并直接引出了一系列活动，比如，让学生采访彼此，询问对方对"伟大"的理解从何而来。

老师还能通过对学习行为记录的反思，评估当下学生对知识的掌握情况，以便循序渐进，开展差异化教学。记录学生如何展示习得的知识，可以帮老师看到学生的思考、理解和误区，否则这些信息就很容易被忽视。在"一扇小黄门"中，妮科尔通过观看艾娃和贝特尔合作的视频，更清楚地看到了艾娃和贝特尔对用图表展示数据的理解情况。虽然最后贝特尔似乎想明白了，但妮科尔还是决定想办法在此基础上巩固她的理解。更让妮科尔惊讶的是，尽管两个人能力不同，但她们在这次合作中各有收获。虽然贝特尔在学习新知识上有些吃力，而且看上去她从艾娃身上学到了更多，但通过教导贝特尔，艾娃锻炼了社交能力。正因为贝特尔自信，表达能力强，艾娃才能及时收到反馈，了解自己的沟通策略是否有效，进而迅速调整策略，直到贝特尔豁然开朗。两个女孩的坚持也让妮科尔深感意外。艾娃为了正确地呈现数据，投入了大量精力，而贝特尔则愿意聆听并妥协。妮科尔觉得这恰恰表明艾娃和贝特尔非常在意这个项目，也非常在乎她们的友谊。最后，妮科尔觉得两个女孩建立了很好的伙伴关系，还鼓励她们以后多多合作。

与同事一起解读学习行为记录

独自解读学习行为记录可以加深老师对学生的了解，而一群人一起解读则会有更大的收获。老师有时候很孤独。上课的时候，老师很少去其他教室听课，也很少有机会跟同事们讨论如何应对某个教学上的挑战。学习行为记录可以让老师们聚在一起，用批判的眼光观察大家的课堂，分享不同的视角与观点。

与值得信赖的同事一起解读课堂学习行为记录，对参与其中的每个人来说都是非常有效的教师培训形式。大家对同一个学生可能有不同的了解，而和同事交流能让老师更全面地认识该生及其感兴趣的事情。不同视角的碰撞可以拓宽、改变或加强老师对学生的印象，还可以用来帮助老师调整教案，从新的角度思考推进学习的问题与策略。

在学前班的孩子开始研究波士顿马拉松之前，本和他的同事根据以往的经验做了一张"项目起始记录表"。这张表列出了马拉松能让每个孩子积极参与的"钩子"是什么。像克里斯托弗这样对体育竞技感兴趣的学生，很容易就会被马拉松这个话题"钩"住。而针对那些对体育不太感兴趣的学生，老师就要考虑拓宽课程的内容。例如，一个学生对之前的民权单元很有兴趣，于是，老师们决定将女性争取马拉松参赛权的历史加入课程。

在"何为'伟大'"中，琼与同事一起反思学习行为记录和其他相关的问题。这次反思不仅让她重新审视了她的教学目标——让学生在讨论中达成共识，还让她在培养学生的聆听和换位思考能力上有了新思路。琼的经历也告诉我们一群同事定期聚在一起探讨的好处。琼和她的同事进行这样的小组讨论已经五年多了，他们每次见面都会围绕"深度聆听如何提升我校的教与学"这个核心问题展开。在琼的这个项目中，同事们帮助她专注于这个问题，并明确了问题与课堂的关联。

同样，在"关注学生的参与"中，阿曼达的教学探究也有一个大的背景——一群教学前班到五年级的老师每个月都会找时间碰头，探讨诸如"我们如何更好地理解和创造条件，从而让学生共同学习、互相学习""我们如何支持和展示学生的认知"这样的问题。尽管学生的年龄和学习能力各不相同，这个小组的成员还是能将同事的学习行为记录所揭示的挑战和成功与自己的教学联系起来。每次小组会议后，老师们都会把会上提到的一些点子用到自己的课堂上。例如，一名二年级的老师借鉴了阿曼达的新版"数学菜单"，把这个活动安排在自选时间，给学生提供了更多选择，也让他们做得少却学得深。一名四年级的老师借鉴了阿曼达的做法，利用录像和学生一起反思小组合作。一名学前班的老师受到阿曼达的启发，试着让学生在公告板上展示他们的学习。老师们会把各自的尝试记录下来，以便在下一次会议上寻求反馈。一位老师说道："这（与大多数教师职业发展培训相比）感觉太不一样了。这样的会议能帮助我们解决难题，我很喜欢这一点。我们很少能听到有关'如何做'的建议。（在这里）我们尝试了解自己的教学，而不是仅仅被别人评论。我们会探讨孩子和孩子的学习……（这）让我们更好地从孩子的视角看问题。"

建立跨年级教学小组并以学习行为记录为讨论核心的另一个好处是，老师能够更好地了解学习和学生在学校的成长轨迹。了解学生在高年级需要具备的知识、技巧和能力，有助于低年级的老师早早帮学生打下基础。同时，高年级老师也会由衷地感谢低年级老师为学生的学习技能和社会情感学习打下了基础。

与学生一起解读学习行为记录

尽管我们可以直接问学生什么有助于学习，什么会阻碍学习，但许多老师从来都没有问过这些问题。当老师和学生围绕着认识论[①]问题一起解读记录时，双方都会获得有益于未来学习的新见解。这种以学习行为记录为基础的反思式对话能让学生看到学习的过程。老师用这些见解来指导教学，学生用它们来引导自己的学习和选择，在这样的课堂上，学生能够有目的地自主参与学习，不断展示自己的收获。

吉尔·休斯（Jill Hughes）是俄亥俄州威克利夫进步社区学校的一名特教老师，她用学习行为记录来帮助学生更好地参与小组合作。在和学生讨论了学习小组是什么之后，大家决定记录下每个学生在小组活动中分享想法、提问或提建议的频率。一个学生建议做一张条形图。条形图中，每一种颜色代表小组中的一位学生，每一条代表一个活动，这样就可以很容易地看到大家的参与度（见下页图）。每个星期，吉尔都会跟每个孩子进行反思式对话，探讨是什么因素影响了他的参与度。一个

[①] 认识论是关于人类认识的对象、来源、本质、发展过程和规律，以及认识与实践的关系的学说。——译者注

平时很安静的学生意识到，当她感到其他人关心她做的事情时，她的参与度会更高。她和吉尔还讨论了其他人可以做些什么来帮她找到归属感和成就感，以及她能做些什么让其他人也找到这样的感受。她们俩决定做一张有对话框的海报，将其贴在储物柜上，然后在每次小组活动前都读一读上面的内容。（想了解更多有关对话框的信息，请参阅第13章工具16）这个学生给海报取名为"每个人都很重要"。这类学习行为记录让学生从一个更宏观的视角去审视学习和他们的学习者身份，并将这一视角带入未来的学习。

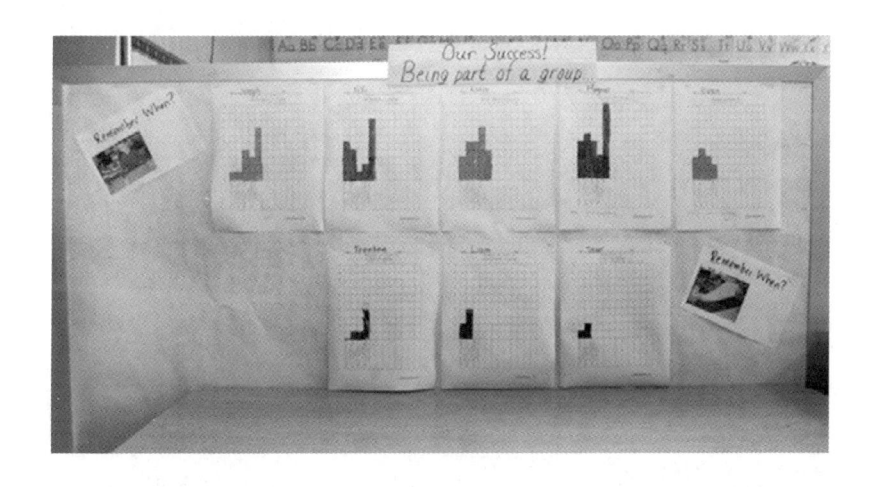

学习行为记录可以捕捉学生的不同观点，让师生思考这些观点之间的关系。在第8章中我们提到，林迪·约翰逊在写作课上向三个班的学生提出了几个问题，可其中一个班的消极回复让她不知所措。然而，林迪并没有独自寻找答案，而是选择与全班同学分享学习行为记录和她的困惑。从随后的对话中我们可以看到，学生认识到他们误判了自己的能力以及林迪对他们的态度，这给班级的课堂文化带来了负面影响。在这些认识浮出水面后，林迪和她的学生一起制定方案，讨论如何改变现状，共同进步。

此外，通过与学生分享学习行为记录与问题，并记录下他们的回答，林迪让学生看到了她在聆听。瑞吉欧的教育工作者经常把记录称为"看得见的声音"，因为它让声音留下了痕迹，而且记录本身就是在告诉学生，老师在聆听他们的声音。当老师让学生讨论真实的问题、聆听他们的回答，并根据他们的回答采取行动时，学生会感到充满力量。学年结束时，林迪班上的一名学生走过来对她说："你是我遇到的唯一一位认真听取学生意见的老师。"同样，琼的几个学生也在期末评论中提到，他们发现琼很看重他们的想法，对此，他们深表感谢。用亚历克斯的话来说就是："我觉得老师心中没有（一个特定的）标准答案。您想要的就是我们自己的想法。"

在学习告一段落后师生一起反思，相当于双方进行一次总结性评价。虽然这种反思不能替代测试，但这样的交流阐明了学习内容和学习方式。在"何为'伟大'"项目的结尾，琼和她的学生反思了学习行为记录，包括他们在课堂上的讨论和老师们在课下的讨论。学生的评论证明他们习得了学习内容（在这个案例中，表现在他们对"伟大"理解的转变上），发展了元认知能力。类似于下面欧文的评论告诉我们，学生察觉到自己对这个话题，甚至更广泛话题的思考发生了变化，也意识到是什么促成了这种变化。

> 对我们来说，这个话题有着十分重要的意义。让我没想到的是，除了讨论"伟大"之外，我们还学到了很多其他东西。我们学到了怎么思考，怎么学习……以及人是如何开始思考一件事的……在这门课上，我们必须知道自己在想什么。在一般的大班课上，我们太容易沉默和走神了。

学生对学习过程的洞察有助于未来的学习。对老师来说也是一样。在达成共识的目的、教与学中聆听的作用，以及适时穿插不同学习方式（充分利用小组内部的亲密关系和全班范围的多样化视角）的价值等方面，琼有了更细致入微的理解。

老师和学生有必要亲身体验这样一个过程：解读记录、剖析和总结经验、在进入下一个教学活动之前分享记录。需要注意的是，我们应该有选择地分享学习行为记录。在解读的过程中，我们需要思考这份记录潜在的受众是谁，他们可以从中学到什么。

✳ 分享：建立联系，公开教与学

分享是学习行为记录四大实践中的最后一环，它植根于第 7 章讨论的所有学习原则。分享记录，不仅让教学可见，还进一步突出了学习的要点（目的性），帮助构建集体知识（社会性），为师生创造自豪感（情感性），明确师生的角色以及他们能做什么（赋权性），让师生从记录中看到自己的贡献（可展示性）。

本章开头介绍的四格矩形图能帮助我们考虑为什么、何时以及与谁分享学习行为记录。我们坚信，分享能为学生自己和他人带来新的学习机会，因此我们挑选出以下策略供大家参考。运用这些策略的目的是把课堂内与课堂外、学习进行中与学习结束后联系在一起。

- 在课堂上和课堂间构建集体知识。
- 用学习行为记录吸引家庭参与。
- 面向更广泛的受众展出。

在课堂上和课堂间构建集体知识

学习行为记录可以帮助学生构建概念性知识，还可以促进跨课堂、跨年级和跨学科的合作。学习行为记录让小组成员的想法可见，从而促进成员之间彼此理解。这样，学生就可以从其他人的知识中受益，并在此基础上做出自己的贡献。与此同时，学习行为记录也让课堂变成一个学习社区。

珍妮弗·霍格是剑桥林奇与拉丁学校九年级的英语老师，她一直在努力寻找自己和学生都感到可靠的记录方式。有一次她注意到，学生在写作中呈现的想法比在课堂讨论中表达的想法更成熟，这使她找到了做学习行为记录的目的。珍妮弗很遗憾自己是唯一了解学生真实能力的人，于是她开始精选学生的反思和写作以及她自己的思考和问题，在课堂上与学生分享。在整个学期的课程中，她不断尝试。最后，她请［正在学习《蝇王》（*Lord of the Flies*）的］学生以小组为单位选出这部小说中最吸引人的角色，然后在角色信息板上分享他们的观察和问题。这个活动让全班更深入地理解了角色的寓意和作者想表达的核心主题。[1] 通过有选择地帮助学习小组将注意力集中在思考上，老师使成员们能够从他人的思考中学习，并最终对所学主题形成更复杂的理解。

老师可以在教室里张贴出学生的想法和问题，比如，把学生说的话写进一个个对话框中。这样做可以把学生的学习与他们感兴趣的事情联系起来，还便于小组在整个学习过程中时时参照（参见第 13 章工具 16）。老师们可以找准时机让全班一起探讨某个想法和问题，以激发新的思路。

伊丽莎白·格洛弗（Elizabeth Glover）是威克利夫进步社区学校五年级的老师。在学习"早期美国人"这一单元时，一个学生观察到，"历史是胜利者书写的，所以你永远没法知道或看到战争的另一面"。另一个学生问："《独立宣言》和宪法哪个更重要？"伊丽莎白把这两个同学的想法与其他学生提出的引人深思的想法和问题一起张贴在教室里。在整个学习过程中，伊丽莎白和她的学生反复回顾这些问题和想法，以深入思考历史学科中的关键概念，比如，不同的视角以及对比多种信息源的重要性。

公开学生的想法也给学生相互借鉴学习方法提供了机会，让他们能够从同伴的策略甚至错误中吸取经验。在"一扇小黄门"中，当一个人将自己的想法分享出来时，他的想法就会变得非常有感染力。制作更多门的想法最初产生于妮科尔和几个学生的对话。妮科尔和班上其他同学分享了这个想法后，许多人都兴致勃勃地加入了这个项目。在整个项目中，妮科尔一直鼓励学生在同学面前说出自己的想法。于是，五花八门的想法在教室中传开。设计门的小组看到塔玛用尺子精确绘制出的图纸后，受到了很大的启发，接着马上开始学习测量。阿梅莉亚在晨会上分享了她的图表后，其他学生立马采用了她的方法来整理数据。

在许多学校，几个班级会同时学习相同或相关的科目。在小学，同一年级的不同班级通常会学习相同的课程；在初中和高中，老师每天都

---

[1] 想查看"听见每一个声音"学习特写的详细内容，请访问"让学习可见"的网站：www.mlvpz.org/documentation/project564f.html。——作者注

会在不同班级教同样的内容。然而，这些课堂之间却少有互动和分享，学生也很少能了解其他班的成果和经验。

你可以在"春池"里读到师生齐心协力共享成果时会发生什么。当两个七年级小组跨班级合作时，学生不仅能在湿地研究中花更长时间，还能在小组间共享记录和数据。他们也发现了一些原本可能被忽略的内容，比如，白天气温上升的情况。在"了不起的摩天轮跳水"中，走廊上走来走去的同学在看到琼和诺拉的作品时提出了许多问题，促使他们不断做出调整。两米多深的水能否让人安全坠入其中这个问题，让琼和诺拉开始了新的探索，也打开了她们物理学习的新世界。

让学习在课堂之外可见也使学生有机会成为老师。在"一扇小黄门"中，妮科尔老师在看到四年级学生制作的图表后，便以它们为例向自己的学生介绍了图表的概念。高年级的成果不仅让学前班的孩子易于理解，还激发了孩子的动力，他们渴望和大孩子们做一样的事情。同样，在"了不起的摩天轮跳水"中，看到琼和诺拉在走廊上的展示后，预科微积分老师纽扎把她俩请到了自己的课堂上，希望自己的学生能够借鉴这种学习方法。最终，在扮演了学生和老师两个角色后，琼和诺拉为学习主题打下了坚实的基础。

用学习行为记录吸引家庭参与

一般来说，无论是一出戏剧、一幅画还是一首诗，老师往往分享的都是学生最后的成品。如果老师记录下学生在不同阶段的半成品和理解情况，从而让家长看到整个学习过程会怎样呢？首先，共享学习行为记录能够为学生的家庭提供一扇观察课堂的窗户，加深家校之间的联系，让家长为孩子的学习出谋划策。其次，这样的记录还可以丰富家长与孩子交流的素材与话题，让家长和老师进一步思考如何支持学生的学习，并为家长参与学校活动创造新的可能性。

学习行为记录在支持老师与学生进行反思的同时，也在支持家长与孩子开展和学校有关的有意义的对话。利用学习行为记录，家长可以提出相关问题，分享自己对学习主题的看法，为项目提供支持，从而使学习延展到家庭中。吉娜·斯蒂芬尼尼是马萨诸塞州布鲁克莱恩镇爱德华·迪沃申学校从学前班到二年级的特教老师。她购买了一小批廉价的数码相机让学生带回家去，相机里存有很多照片，有些是她和其他老师拍的，但大部分都是学生自己拍的。照片是极佳的视觉表达工具，对那些有语言障碍的学生来说尤其如此。他们可以通过照片和家人分享在学校里的经历，而家长也可以就照片提出问题。家长们告诉吉娜，他们以前只能提宽泛的问题，然后从孩子那里得到简短的回答，而现在，孩子会说出更加具体且详细的内容。这是因为学生能通过照片回想起更多发生在学校里的事情。家长会记录下自己与孩子的对话，然后发给吉娜。

使用照片前的亲子对话

家长：今天的体育课怎么样？

孩子：什么？

家长：你今天不是有体育课吗？

孩子：今天吗？

使用照片后的亲子对话

家长：今天的体育课怎么样？

孩子：看！我今天在体育课上做游戏。我拿着蓝色的球。做游戏的时候，我把球扔到安身上，然后她又把球扔回我身上。我就一直跑，然后撞到了红墙。我今天和周五都有体育课。我的球在哪里？我想再玩儿一次。

在"了不起的摩天轮跳水"中，看完琼和诺拉解决数学问题的学习行为记录，琼的父亲谈起了自己学数学的经历。琼的父亲是一名工程师。他从来没有真正理解过高中的数学知识，所以很快就遗忘了这些内容。因此，上大学时他不得不又学一遍高中时学过的数学内容。从琼和诺拉的作品中，琼的父亲能看出她们对数学概念的理解方式是他不曾具备的。与父亲的谈话也让琼更加认可了自己的所学与所思。

与家长分享的记录不一定总是以他们的孩子为中心，其目的也不仅仅是针对学生的特定表现给家长提建议。其实有时记录学习行为是为了展示不同孩子各种各样的表现，让大家了解儿童是如何学习的。在威克利夫进步社区学校的一次家长会上，家长们观看了一段学前班的孩子开展波士顿马拉松研究项目的视频。许多家长表示，他们开始重新思考自己在孩子学习中扮演的角色。一位家长提到最近女儿的学前班在做机器人项目，在回忆起帮助女儿制作机器人的经历时，他写道：

> 我想调换我们的角色。我只是一个帮手。我要学着让孩子自己弄清楚事情，只在他们需要帮助的地方给予支持……开始制作机器人时……我想教她新知识，还试图帮助她学习所谓正确的做事方式。现在，我学会了和孩子一起头脑风暴，让她决定学习的方向，记录她的思想和行动，并帮助她整理和落实自己的想法。在这个过程中，我帮她打开视野，让她学会思考。同时，我也感觉到自己的心态在日渐开放，并且玩儿得不亦乐乎！[1]

学习行为记录使家长真切地看到了老师支持学生学习的教学策略，这动摇了他们很多根深蒂固的观念与假设，比如，孩子应该如何学习，孩子应该学习什么内容。同时，这样的记录也为家长与孩子和学校的互动提供了新的可能。萨布丽娜·沃尔特斯是威克利夫进步社区学校的一名老师，她的两个孩子也在这所学校就读。在首次家长会结束之后，萨布丽娜牵头成立了一个家长学习小组。这个小组每月开一次会，分享他们做的记录，并探讨如何支持孩子在家更好地学习，比如，"不做时间安排对孩子学习有哪些帮助？"这个小组把诸如"学前班101"（学校为孩子即将入学的家长提供的培训）和家长开放日这样的学校年度活动的重心转移到学习上。小组成员们将家长分成小队，带领他们围绕学习行为记录进行了各种有意义的交流，还鼓励家长深入分析孩子在学校学习的内容，以及这些内容是如何与家长关心的问题联系在一起的（详见第14章工具17）。此外，该小组还设计了诸如"冰箱提醒条"（详见第14章

---

[1] Krechevsky, M., Rivard, M., and Burton, F. (2010). Accountability in three realms: Making learning visible inside and outside the classroom. *Theory Into Practice, 49*(1), 64–71.——作者注

工具18）等工具，与其他家长分享他们对孩子学习的理解，以及让学习可见的方法。

在威克利夫进步社区学校，那些因为学习行为记录而参与到孩子学习中来的家长成了"让学习可见"的先驱和倡导者。随后，这些家长带头帮助学校跟更多家庭建立起了密切的联系。正如对波士顿马拉松研究项目的记录改变了该校家长的观念和心态那样，家长学习小组也刷新了更多人对学习的看法。

面向更广泛的受众展出

那些让学习和学生可见的老师们非常努力地把学校里发生的事情与现实世界联系起来，让学生和更大的社区看到学习的意义。其中一个方式就是让学生去做他们关心的活动和项目，然后想办法让学生根据所学完成一个可分享的作品，最后邀请全班、全校或更大的社区来观摩评价。而另一个方式是与学生、同事或其他教育工作者一起举办学习展览。和其他公共展出一样，学习展览的目的、受众也是多种多样的。它可以是教师的学习展览，旨在提升教师的职业素养；也可以是全校展览，目的是重塑学习的责任。本章主要讨论第一种学习展览，而第二种将在第10章详细介绍。

在学习特写中，学生完成作品不只是为了学习，而有了更大的意义。这可能从一开始就是有意为之的，比如，在"一扇小黄门"中，一个问题或需求出现后，老师很快就把它转化为学习的动力，并据此安排接下来的教学。老师和学生逐渐意识到他们的所学对他人有价值，就可能产生创作一个作品的想法。无论是从一开始就计划好的，还是在最后才开始构思，就像我们在第8章中提到的那样，创造有意义的作品是一种行之有效的小组合作形式。关键在于老师要敏锐地发现和把握机会，让学生把所学应用到真实的公共场景中。

在创作有意义的作品的过程中，学生对学习的价值有了更深的认识，对社区做出了积极贡献。最初，学前班的孩子制作积木门只是为自己所用，可毕业后，他们为新生能够使用他们制作的门而自豪。在"春池"中，学生的意义感来自"为帮助小镇而学习"，看过他们成果的人都对这群少年的思考方式和行动力赞不绝口。

　　此外，当我们鼓励学生自主创作公开展出的作品时，他们会通过交流学习获得新见解，习得新技能，在整个学校中建立更紧密的联系。为了让展品为受众所喜闻乐见，学生需要根据受众的需求不断反思和整合信息，与他们积极交流。在"春池"中，学生仔细研究了图鉴这种创作形式，明确了它的优点和缺点。他们还根据量规的要求进行了多次修改，以达到他们为自己设定的标准。在"了不起的摩天轮跳水"中，琼和诺拉尝试站在目标受众（那些没有上过交互式数学课的高中生）的角度来设计最终的展示。她们的目标是降低方程式的复杂性，这就需要两个人不断创新，比如，用不同颜色和下画线将方程式分解成不同的组块。她们的老师道格认为，这个做法反映出女孩们的抽象思维能力，这也是数学思维的核心之一。女孩们还将戏剧性融入作品的标题和问题的陈述，这说明她们知道什么能调动观众的情绪。

　　面向公众的展览让人们看到了好的教与学是什么样的。注重创新和质量的教学展示能让其他老师看到更多教学的可能性，培养他们的教学能力。展览如果能反映老师所处的教学情境和面对的教学挑战，就会推动老师去尝试新的教学策略。本书中的几篇学习特写最初就出现在这样的展览中。惠洛克学院举办了一场教学展，波士顿公立学校的幼教老师展出了十个案例，其中一个就是"一扇小黄门"。[①] 这次教学展的目的是让老师们交流经验，找到利用孩子的兴趣满足课程标准要求的办法，而无须严格按照规定的课程走。其他九个参展案例也介绍了不同的教学故事，比如，课间休息时一个孩子对棒球的兴趣启发老师上了一堂锻炼全班学生问题解决能力和运算能力的课，另一个孩子教朋友折纸飞机的热情演化为一个更大的项目——制作一本折纸飞机入门手册（下面呈现的内容是该项目的第一块展板）。

[①] 惠洛克学院的学习行为记录工作室由斯蒂芬妮·考克斯·苏亚雷斯（Stephanie Cox Suarez）于 2008 年创建，帮助从幼儿园至中等后教育的教育工作者分享和探究学习行为记录。想了解更多信息，请访问 www.Wheelock.edu/DocStudio。——作者注

你能教我折一架纸飞机吗

这份学习行为记录将会重点介绍一个为期九个月的飞行项目中的高光时刻。我们学校离洛根国际机场只有 1.6 公里远,我们在操场上可以看到飞机升空,然后飞过城市上空。很安静的时候,我们偶尔还能听到飞机的引擎在头顶上轰鸣。

因此,我一点儿也不意外班上的孩子们对飞行产生了兴趣。

一天早上的自选时间,贝拉决定用纸筒做一架飞机。在尝试了很多种胶水和胶带后,她终于粘出了一个接近飞机的形状。在接下来的几天中,贝拉一直在飞机上涂涂画画,补充各种细节。其他孩子看到贝拉做好的纸飞机后也想动手做。他们来问我怎么做,我让他们去问贝拉。贝拉教会的几个孩子又去教更多同伴。没过多久,这 22 个 4 岁大的孩子几乎人手一架纸筒飞机!

之后,孩子们又开始用积木等材料制作飞机。他们阅读了大量和飞机有关的图书,仔细浏览了各种飞机图片,因此画出的飞机设计图变得越来越复杂。

有一天,我叫来一组看上去对飞机特别感兴趣的学生。我问他们谁会做纸飞机。他们花了几分钟的时间折来折去。其中两个女孩知道怎么折,于是她们一步一步地演示,并解说每个步骤,很快便教会了其他人。我在旁边帮助那些不太会折纸的孩子。没过多久,这个小组的每个人都折好了一架纸飞机。于是,我带着孩子们去走廊上扔飞机。

在接下来的几周里,我们用不同形状的纸飞机做实验,想看看哪一种飞得最远。那时,这组孩子已经能非常熟练地折纸飞机了。

> 一天早上，在孩子们的自选时间，桌子上一幅很有意思的画吸引了我的注意。虽然这幅画没写名字，但我一下就认出了画上的笔迹。
>
> *弗雷泽老师：萨姆奇，给我说说这幅画好吗？*
>
> *萨姆奇：这是我画给萨拉的折纸飞机步骤图。*
>
> 我注意到一整个早上萨姆奇都在教其他孩子折纸飞机。这张步骤图很棒，我想好好利用它。第二天，我问她是否可以帮我做一本专门教孩子们制作纸飞机的入门手册，做好后可以放在画室里供大家学习。萨姆奇一丝不苟地重新画出了每一个步骤，还口述了对应的说明。她的画、文字，以及工作时的照片见下面几块展板。

教师成果展也有着同样深远的影响，它能够为老师提供讨论的平台，让交流拓展到同事之外的更广泛的教师队伍。在过去的几年中，琼·索布尔、道格·麦克格莱瑟、珍妮弗·霍格和他们的几十位同事在剑桥林奇与拉丁学校举办了七次年度展览。在展览中，他们将自己的问题、挑战、成功，甚至失败公之于众。尽管参加这些展览意味着大量的额外工作，而且公开自己的教学内容也有点儿令人忐忑，但老师们也收获颇丰。对道格来说，这是一次交流的机会，而这样的交流能支持他继续设计真实且注重互动的数学课堂。琼想用这个平台去证明，为理解而教学与严谨的 AP 课程并非水火不容。他们的同事，摄影老师黛比·米利根从不漏掉每次高中展览，并将其视为深入探讨某个教学问题的好机会。为了更好地展示自己的工作，一整个学年黛比都会"测试教学，记录教学，并在学年结束时对我的学生、我的教学、我的同事以及我自己有了新的了解。我们都为这个博采众长的教学展览贡献出了自己的创新做法……如果哪一年我没有参加的话，那这一年可能就会碌碌无为地过去了"。

对所有这些老师来说，为教学展览贡献出自己的经验无形中帮他们明确了选择做教师的初心。我们会在第 10 章介绍另一种展览形式，而这种展览将侧重于学习的责任。

第 10 章
在教学问责的时代看见学生的学习

有一次，我们"零点计划"的同事路易丝·赫特兰（Lois Hetland）访问了一所公立小学。在那里，她注意到教室里和走廊上贴满了带有编号的课程标准及其说明（例如，"数学标准 5.NBT.5：能熟练运用标准运算规则进行多位整数的乘法运算"）。路易丝想知道学生对这些标准有什么看法，于是她叫住一个路过的学生，问她知不知道这些标准是什么意思。学生回答："我不知道那是什么，但是学校里到处都是这些东西！"

在我们当前的教育环境中，课程标准和教学问责可谓无处不在。近年来，各类考试只增不减，很多学校还将学习评估外包给校外评估机构。这一趋势表明，我们的社会不太信任老师。在第一次听到本书提出的理念和实践时，很多老师都表示非常沮丧、无力与担心，因为他们没有足够的时间与空间来实践让学习和学生可见的策略。老师们的压力来自要让学生在州测试和国家测试中取得好成绩。除此之外，越来越多的老师面临的真正威胁是，他们的工资甚至饭碗会与学生的考试成绩直接挂钩。我们听到的最多问题是："学校让我按照课程标准教书，如果学生考得不好，我还会被问责。在这样的情况下，我哪有时间去做记录和支持小组学习？"

在本章中，我们将直面这个问题。首先，我们将介绍不同老师的亲身经历，说一说在高风险测试的压力面前，他们是如何迎难而上，让学习和学生可见的。这些老师有的是本书前面提到过的，有的是在公立学校工作的其他一线教师。接着，我们会重点说明课程标准是如何与小组学习以及学习行为记录相辅相成的，还将提出思考课堂和学校内外责任的另一种方式。

三个例子：让学习可见如何支持基于标准的实践

既让学习和学生可见，又遵循课程标准的课堂是什么样的？本书前六章介绍的学习特写描绘了各种复杂的教学过程。在这些学习特写中，老师们有目的地选择学习内容，设计能够提高学生参与度和自主权的学习活动，收集有关个人学习和小组学习的各种证据。接下来，我们会回过头去讨论三篇学习特写里的老师——"一扇小黄门"中的妮科尔·查斯、"关注学生的参与"中的阿曼达·范弗莱克，以及"何为'伟大'"中的琼·索布尔，一起探讨学前班、小学和高中老师如何利用小组学习和学习行为记录来落实课程标准。

✖ "一扇小黄门"中的妮科尔·查斯

无论是艺术、数学、社会研究还是其他科目，让孩子们在小组中学习都是妮科尔的核心教学策略。她一直用这个策略来进行以标准为导向的教学。妮科尔经常根据孩子的兴趣组建小组，并招募家长志愿者来辅导这些小组。备课时，妮科尔优先考虑的是孩子们的兴趣，而不是课程标准。也就是说，她认为孩子们应该对自己的学习拥有更大的自主权。

妮科尔也常常把能力互补的孩子分到一个小组，这样他们就能在不同方面为彼此提供支持。久而久之，哪怕孩子们在完成个人任务，比如，拼写、构思故事创意，或比较观察图，他们也会积极地向他人寻求帮助。总的来说，妮科尔主要观察的是孩子带给集体的有用策略或棘手问题，理想状态下还附上了照片、言语交流或孩子们的作品等。妮科尔有意让大家了解彼此的专长，方便他们互相寻求帮助。在制订计划、选择材料、解决问题等方面，集体可以为每个成员提供极有价值的反馈。

由门引发的矛盾升级为冲突，一个研究门的项目便应运而生。一开始，妮科尔并不知道这个项目能否和课程标准挂钩。她的主要目标是寻求学生的意见，让他们对自己提出的解决方案负责，进而营造出和谐积极的课堂气氛。没想到，门的矛盾解决后，妮科尔从孩子们对门的兴趣中嗅到了其他的学习机会。于是，她开始在项目中融入收集、分类和用图表呈现数据的数学标准。

马萨诸塞州历史和社会科学标准的核心目的是帮助学生为充分参与民主社会做准备。尽管妮科尔已经开始用数学教具教物体的属性，她还是决定调整课程，让孩子们带着一个有意义的目标去调查学校建筑。探索学校的公共空间有助于孩子们对一个更大的学习社区产生归属感。他们发现，学习不仅仅发生在他们的教室里或校园里——学习无处不在。教室变成一个小小的落脚点，孩子们可以回到这里讨论他们的发现，然后再出去探险。看到小朋友们拿着写字板，其他学生和老师纷纷询问他们在做什么。向他人介绍活动的目的，加深了孩子们对项目的理解。

妮科尔还邀请同事来帮助学生达到课程标准的要求。在门的研究中，她咨询了数学教学专家，想了解怎样在项目中融入数学标准，比如，比较物体的可测量属性并进行分类。妮科尔和格雷琴·阿尔贝蒂尼（Gretchen Albertini，一名三年级老师，她的学生和妮科尔的学生是校园伙伴）利用学生的伙伴关系来促进两个班级的学习。在一个和海洋有关的单元学习中，学前班的孩子结成兴趣小组研究海洋生物，然后把他们制作的一件艺术品和一本资料书展示给三年级的大伙伴。而三年级的孩子则在展示开始前采访了学前班的小伙伴，在交谈过程中做了笔记，最后还给小伙伴们写信分享他们学到的东西。在另一个单元学习中，学前班的孩子们需要用计数符号收集和记录他们在操场上发现的昆虫与蚁丘的数量。妮科尔要求他们向大伙伴说明他们的任务，然后对他们的表现进行评估。当数字太大难以数清时，三年级的大伙伴还帮他们把数字加了起来。

在同一个项目中的通力合作激励孩子们不断合作、有目的地辩论。这样一来，他们来到学校不仅是为了学习知识，还会满怀期待地和小组成员一起工作。在期末反思中，当问到孩子们在什么样的项目中最有成就感的时候，他们往往会选择门的研究这样的合作项目。

✖ "关注学生的参与"中的阿曼达·范弗莱克

阿曼达最初对"让学习可见"产生兴趣是因为她想用学习证据来补充或者挑战标准化考试的结果。例如，一个学生在各个学科上的自控力都不好，而且在标准化考试中总是不及格，但他在数学课上却能够反思并纠正错误。标准化考试往往只看最终答案，而无法让人深入了解学生得出这个答案的过程。

阿曼达经常在课堂上观察学生在小组中的学习状态，而这些信息永远不会在州测试中体现出来，不管这个测试经过了多么精心的设计。阿曼达发现，通过学生的对话，她可以见证学生的理解由稚嫩一步步进阶到复杂的过程。以下是阿曼达的记录。

> 这些进步对我来说很有帮助，因为我找到了让更多学生走上理解之路的方法。其他学生也会受益匪浅，因为他们也看到了从摸不着头脑到豁然开朗的历程。在数学课上捕捉顿悟时刻并用PPT分享就是一个很好的例子。我希望所有学生都能有这样的理解。如果我没有记录下那一刻，许多学生就会错过理解数字分类这一关键概念的机会。

随着时间的推移，阿曼达越来越多地使用学习行为记录和小组学习来帮助学生达到州标准的要求。例如，《马萨诸塞州英语语言艺术与识字框架》对文学阅读有这样的要求："用文本中的细节和例子来明确地解释文本内容，并根据文本做推断。"开学时，阿曼达会给学生分享一些文本。之后，她会在交互式朗读（interactive read-alouds）[①]中以这些文本为例，分析州标准要求的文章结构与写作风格。在学生读杰奎琳·伍德森（Jacqueline Woodson）的《栅栏的另一边》（*The Other Side*）时，有几个学生想知道书中主人公的年龄。这本书讲的是两个女孩尝试去理解美

[①] 交互式朗读是一种教学策略。老师朗读一段文本，偶尔会有选择地停下来提问，让学生思考、讨论和做出回应。——译者注

国南部乡村种族隔离的故事，虽然两个女孩的年龄不会影响学生对故事的理解，但学生还是花了很多心思去分析两个女孩是不是同龄人。下面是学生的对话。

"你看到克洛弗家里的玩具了吗？那些都是小孩子的玩具。她一定是个小小孩。"

"是的，但是她妈妈允许她自己出去。她不可能特别小。"

"她提到了一些学校里的事情，所以她至少在上学前班。"

尽管那时阿曼达的目标并不是训练阅读推理能力，但她还是把这些对话记录下来，准备用在之后的推理教学中。后来她把这些记录作为说明文本推理的例子（学生自己的例子）分享给学生看。相较于读别人的例子，看自己和同学使用过的推理策略会给学生莫大的动力。特别是那些不起眼或不被尊重的学生，能从学习行为记录中看到自己言行的价值。阿曼达说：

这项工作……提醒我要保持沉默，让学生说话、提问和自行解决问题……学习行为记录不仅反映了学生的学习，还能还原老师们捕捉到的和忽略掉的那些教学契机……它让我的学生在任何时候都能成为学习者，也让他们在传统测试无法测量的问题上成为专家。

学生问阿曼达摄像机为什么总是开着，为什么她总是在记笔记。她回答说，她不想错过学生的故事、话语、想法或困惑。在教学中，阿曼达和学生是亲密的伙伴——他们共同学习，相互学习。

阿曼达记录学习行为的时机

什么时候做学习行为记录？

- 当我不参与教学也不会给学生的学习带来负面影响时。

- 当我注意到我想让别人也去关注的行为模式、困惑或想法时。
- 当我、某个学生或一组学生遇到困难或问题，想要更全面地理解某人或某事时。
- 当我想自己讲或帮助孩子讲一个关于学习的故事时。
- 当一个顿悟时刻出现时。
- 当我们在练习一项特定的技能、策略或开展例行活动，需要证据来评估进展时。
- 当有人问我"做这件事能让他们学到什么"时。
- 当我预计随着时间的推移，学生的思考、理解或行为会发生变化时。
- 当我感觉事情"进展顺利"或"进展不太顺"，需要证据佐证我的感觉时。
- 当我察觉到学生无比专注或散漫走神时。
- 当多个小组（无论大小、成功与否）在没有老师引导的情况下一起工作时。
- 当我注意到任何一种有目的、与学习相关的对话时。
- 当有的学生不善言辞或记忆不牢时。
- 有时也可以在学习结束后记录（凭印象或照片简单地做记录），帮助我重现场景。

❖ "何为'伟大'"中的琼·索布尔

在教 AP 英文课的时候，琼总觉得需要对学生的 AP 考试成绩负责。AP 考试是一种高风险的标准化考试，它的分数会影响学生的大学申请。然而，在帮助学生备考时，琼尽可能地利用小组的力量来展示大家对文学和写作的理解，并帮助他们生成自己的观点。特别是面对最具挑战性的文学作品，学生往往需要通力合作才能开启这段艰难的阅读之旅。在达到美国《共同核心州立标准》（Common Core State Standards）[1]对合作的要求的同时，琼的努力还拓展了学生对文学主题的思考，也让他们明白了聆听的价值和共同学习的目的。

琼经常使用的记录工具是 VoiceThread。这个应用程序能让用户非实时地探讨各种图片、视频和文档。对记录学习行为来说，其价值在于它能激发学生的想法，并把它们保存下来作为未来学习的参考。学生可以用语音、文本或视频的方式留言。在学期开始的时候，很少有学生意识到聆听同伴的意见也能锻炼自己的理解能力。逐渐地，记录学生的学习不仅让琼看到了学生的学习情况，还让学生有机会互相学习。这无形中开启了一种新的学习方式。在期末反思中，一个学生写道：

> 没想到阅读同学们[有关《J. 阿尔弗瑞德·普鲁弗洛克的情歌》（*The Love Song of J. Alfred Prufrock*）]的评论为我理解这首诗打开了一扇大门。我先读了一个人发表的对某一节的分析，然后把它和另一个人的分析进行比较。这个比较的过程激发我去思索某行诗的含义。他人的阐释在不知不觉中填补了我自己理解上的空白。

另一个学生反思道：

> 我以为只有老师才有足够的智慧和能力去教学生。但是我的同学玛丽亚教给我的东西让我意识到学生也可以做彼此的老师。我现在已经准备好去加入各种共学共教的校园活动了。

像琼这样的资深教师已经能区分课标背后的大概念和倾向于将知识视为互不相连的信息的单项课标。在设计课程时，他们不仅能把握学科中的核心概念，还能帮助学生做好应试的准备。从学校层面来看，课程标准也有助于确定不同年级的教学要点，以及当前课程中可能忽略的话

---

[1] 美国《共同核心州立标准》简称CCSS，是美国各州统一的教学标准，覆盖了从幼儿园到十二年级应掌握的英语语言艺术和数学的知识与技能。——译者注

题与内容。尽管新老师常常用课程标准指导自己实现教学目标，但他们发现"让学习可见"也能引导他们实现目标。

"让学习可见"的课堂提倡各种学习方式百花齐放，还能让老师慢下来，让他们更好地了解自己的学生。除了AP考试，琼觉得自己对学生的各个方面都负有责任，包括21世纪核心素养——沟通能力、创造力、合作能力和批判性思维。与同事探讨学习行为记录，为评估这些能力提供了另一种方式。在"何为'伟大'"中，学生的对话视频帮助琼和同事评估了学生的沟通技巧，学生也可以根据记录反思小组在促进学习方面起到的作用。正如一位学生评论的那样："我发现，最重要的学习往往发生在课堂上，特别是在我和同学分享想法、补充彼此观点的时候。"

"让学习可见"与课程标准联动

妮科尔、阿曼达和琼使用的策略，为学习群体中什么才是有意义的学习树立了关键标准。她们的做法契和教育界的大动作（如美国《共同核心州立标准》和21世纪技能联盟），即围绕技能和素养（如好奇心、批判性思维和合作）来重构基本的学习内容。任何教育策略的尝试都离不开与家长、教师、学生、管理者和学校董事会的积极沟通，共同讨论和澄清学生最应该学习的到底是什么。那么让学习和学生可见如何帮老师向课程标准靠拢呢？在研究了妮科尔、阿曼达、琼以及其他尝试"让学习可见"的教师的做法后，我们总结出三种落实课程标准的方法。

※ 在学生与课程标准之间搭建桥梁

很多人把课程标准和标准化或标准化考试画上等号，但实际上课程标准给了老师自行发挥的空间，也鼓励学生用不同方法展示自己的理解。美国《共同核心州立标准》的编写团队曾澄清说，课程标准"并不会规定具体的课程内容或教学方法"[①]。把标准与标准化考试混为一谈削弱了标准在确定学生顺利融入社会所需要掌握的基本知识和技能方面的关键作用。让学习和学生可见的老师正积极地把白纸黑字的课程标准与千差万别的学生连接在一起。而要让课程内容与面前的学生接轨,学习行为记录就是一个非常关键的工具。

在设计"春池"的教学活动时,四河特许公立学校的老师曼迪·洛克和马特·利夫拿出了他们教研组与学校管理层制作的课程地图。这些地图以州课程标准与学校的价值观为出发点,确定了每个年级学生的学习目标。在课程实施过程中,曼迪和马特时刻留意学生的哪些兴趣能与课程标准挂钩。例如,学生好奇为什么落叶没有堆满整个湿地,而这个问题就引出了食物链的学习。两位老师还把晦涩难懂的学习目标改写成了学生能明白的话。例如,有关写作的课程标准原文是"用解释和细节来支持观点"和"通过正确使用英语表达习惯展现精湛的文字功底",老师改写成"我能写出内容丰富且有趣的图鉴"。

在整个学年中,曼迪和马特花了不少心思,确保项目最终涵盖了七年级的所有学习目标。在"春池"项目中,他们设计的教学活动涉及科学、英语语言艺术(例如,写民间故事)、数学(例如,绘制图鉴中的图片时需要用到的比例)、视觉艺术、健康和安全(例如,户外活动的安全知识),以及个人发展素养(例如,小组合作)。下表展示了"春池"项目涉及的科学与英语语言艺术课程标准。

马萨诸塞州科学与英语语言艺术课程标准

地球科学	1. 识别、解读各类地图,并能通过绘制各种地图(包括等高线地图)展示地球的基本物理特征。
	3.4 解释水是如何流入和流经分水岭的。解释含水层、水井、孔隙度、渗透性、地下水位和径流的作用。
	3.5 描述水循环的过程,包括蒸发、冷凝、降水、地表径流、地下水下渗、渗透和蒸腾作用。

[①] 参见 http://learning.ccsso.org/common-core-state-standards-initiative。——作者注

续表

生物科学	1. 根据生物的特征，将其归入公认的"界"①。熟悉各界的物种。
	13. 举例说明生物如何通过相互作用和各自的功能，使生态系统得以延续。
	14. 说明食物网中生产者、消费者和分解者的作用和相互关系，并解释能量在它们之间是如何转移的。
	16. 认识到生产者（含有叶绿素的植物）利用来自阳光的能量，通过光合作用把二氧化碳和水转化为葡萄糖。这个产物可以被立即使用，或储存起来供以后使用，或供其他生物使用。
英语语言艺术	19.19 在写故事或剧本时，要有成熟的角色、场景、对话、清晰的冲突和解决方法，以及足够的细节描写。
	19.22 撰写并论证个人对文学类、信息类或说明类文本的理解，包括主题陈述、文献中的支持性细节，以及结论。
	19.23 撰写多段式作文时，文章主题发展脉络清晰，条理分明，有效运用细节，句子结构多样。
	20.4 根据不同的目的，比如说服或娱乐读者，来挑选和使用适当的修辞技巧。
	21.6 通过检查观点组织的逻辑、用词的准确性和文字的精炼度来修改文章的架构和措辞。
	21.7 通过参考多种材料调整和改善用词。
	22.8 在写作和校订时，使用不同的句子类型（简单句、复合句、复杂句）、正确的标点符号、恰当的用词（代词指代明确）、各种句子结构（句子完整、修饰语准确），以及标准的英语单词拼写方式。
	23.10 将信息组织成一篇连贯的文章或报告，其中应包括主旨句、过渡句和结论。
	24.4 按步骤从不同来源获取信息、组织信息、记录来源，并在项目中展示研究成果： ● 区分一手信息源和二手信息源。 ● 在报告中区分转述和直接引用。 ● 组织和呈现研究成果时，将七至八年级的学习标准作为写作指南。 ● 用统一的脚注或尾注格式来记录信息、引用文献。 ● 使用标准书目格式来记录信息来源。
	25.4 在小组中，设计和使用打分指南或打分量规来改进书面和口头项目。

---

① 生物学家根据生物的发展历史、形态结构特征、营养方式，以及在生态系统中的作用等，将生物分为若干界。当前通行的是美国R.H.惠特克（R.H.Whittaker）于1969年提出的五界系统，即原核生物界、原生生物界、植物界、真菌界和动物界。——译者注

❈ 把课程标准落在实处

白纸黑字的课程标准并没有直接告诉我们如何付诸实践。对同一条标准，每个人的理解各有不同。尽管大多数人看了上表中列出的标准后，都同意这就是七年级学生应当掌握的技能，但要具体说出每一条标准如何在具体教学中落实可就没那么容易了。例如，英语语言艺术标准21.6要求："通过检查观点组织的逻辑、用词的准确性和文字的精炼度来修改文章的架构和措辞。"这在教学实践中是什么样的呢？曼迪和马特收集的学习行为记录，例如，学生写作的草稿和终稿、同伴反馈环节的录音文件以及学习特写，为判断学生是否达到某个标准提供了依据。这样的记录也能让学生从同龄人的观点中拓宽自己的视野。

老师在共同讨论学生是否达标的时候，可以用学习行为记录来支持或质疑不同的判断，发表不同的见解。针对各个学科的不同标准，琼·索布尔和她的同事利用学习行为记录开发了统一的措辞和共同的愿景。例如，"我们怎样才能提高学生的表达能力"这样的问题为收集和分析学习行为记录提供了一个焦点。同样，如果管理者能从学习行为记录中观察老师的教学，那么从前那些口头述职报告就会更加关注学生和教师真实的学习与成长。

课程标准中提到的很多能力并不是在一堂课、一个单元或是一个学年中就能习得的；滴水穿石，非一日之功，这些能力是学生在日复一日的练习中逐渐形成的。然而，大多数老师和同一批学生相处的时间往往不超过一年。共同回顾和讨论学习行为记录让老师得以跨年级探讨学生是否以及何时达到了某条标准的要求。在阿曼达·范弗莱克的学校，从学前班到四年级的老师会定期开会观看课堂教学视频。在会上，他们会一起探讨如何在日积月累中培养小组学习能力。在剑桥林奇与拉丁学校，十二年级的老师围绕一个新的高中试点项目制作了许多展品，旨在探索该项目的成功之处与面临的挑战。管理层和其他年级的老师基于这些展品一起交流"经验与教训"。交流的结果是，老师确定了最适合在高中入学时引入的学习内容与技能，以及在接下来的几年中需要循序渐进铺垫的知识与能力。

❖ 展示其他类型的学习

当标准化考试成为衡量学生学习的唯一或主要标准时，学生只能通过考试成绩展现自己的理解水平。然而，标准化考试几乎体现不了学生在合作、想象力或同理心等方面的能力。很多教育工作者反对将标准化考试作为衡量学习情况唯一有意义的指标，而类似于学习行为记录这样的工具为他们的质疑提供了有力的证据。

同时，考试分数尽管能反映出个人实力，却并不能完整地呈现个人或小组的学习过程或背景信息。而学习行为记录可以让我们更清楚地认识到影响学生个人学习和小组学习的因素，也会帮教师做出怎样才能最好地支持学习的假设。本书分享学习行为记录和小组学习实践的目的不仅是未雨绸缪，更是在此时此地提高孩子的学习品质。

瑞吉欧的教育工作者不同意这样一个论断——学习是一个只有在事后才能被验证的过程。如果"所测即所信"这句格言是教学的指路灯，那么我们的评估需要展示出学习的过程和产品。本书中的学习特写，以及瑞吉欧教育工作者们制作的精美的视觉论文和记录展板，正是通过展示孩子创造、思考和习得的过程，将他们的学习一览无余地呈现出来。[①]

在学习特写中，你能看到正在发生的学习和正在行动的学生。在"一扇小黄门"中，你可以看到艾娃和贝特尔通过合作不仅学习了图表制作，还加深了对彼此的尊重。在"何为'伟大'"中，利亚姆、维奥莉特与同学不仅深入理解了什么使一个人伟大，还学习了如何思考。在"导演你好"中，西蒙既明白了场景顺序对视频整体逻辑的重要影响，又体会到了反馈在学习中的价值。在所有这些例子中，学习行为记录都弥补了最终作品无法展示的一面。

[①] Vecchi, V. (1996). Birth of two horses. In *Municipality of Reggio Emilia: The hundred languages of children catalog*. Reggio Emilia, Italy: Reggio Children. ——作者注

教学问责的三大范畴

量化指标"进步了多少"只是证明学习与成绩的一种方式，可如果把它当作评判高效学习的唯一方式，我们将为此付出巨大的代价。社会科学家唐纳德·坎贝尔（Donald Campbell）在坎贝尔定律中指出："一项量化的社会指标被越多地用于社会决策，就越容易受到腐败压力的影响，也越容易扭曲和损害它原本打算监督的社会过程。"[1] 高风险测试的副作用比比皆是，我们只需看看全美范围内有关教师和管理者作弊的报告、阻止低分学生参加考试的做法、专门应付考试的课程体系、把珍贵的课堂时间用于备考的现象，以及极高的教师流失率，就会认识到坎贝尔的先见之明。[2] 本书认为，质化指标"是如何进步的"才更有力。通过记录和分享学习特写、学生成果、照片、语录和视频等，人们能更全面地看到学习到底是什么。

学习行为记录将另一种形式的数据，即教学过程中看得见、摸得着的证据，引入学校文化。这些证据不仅能反映我们关注的教学情况，还能促使学习社群中的成员对自己和他人的学习负责。在这里，我们想从三大范畴——对自己负责、对学习社群的成员负责和对更大的社区负责，来重新看待教学问责，而学习行为记录在其中都扮演着核心角色。[3]

❋ 对自己负责

当老师从自己的教学中吸取经验、不断进步时，他们就会对自己和

---

[1] Campbell, D. (1976). *Assessing the impact of planned social change.* Hanover, NH: The Public Affairs Center, Dartmouth College. ——作者注

[2] Nichols, S. L., and Berliner, D. C. (2007). *Collateral damage: How high-stakes testing corrupts America's schools.* Cambridge, MA: Harvard Education Press. 又见 Darling-Hammond, L. (2009). *The flat world and education: How America's commitment to equity will determine our future.* New York: Teachers College Press. ——作者注

[3] 获取有关这种责任观的更多信息，请参见 Krechevsky, M., Rivard, M., and Burton, F. (2010). Accountability in three realms: Making learning visible inside and outside the classroom. *Theory Into Practice, 49*(1), 64–71。——作者注

学生负责。我们的同事史蒂夫·塞德尔[①]将这种问责方式描述为哲学上的辩证反思，而不是心理测量上的打分评级。赛德尔认为，在美国，人们太过痴迷于心理测量和"科学"上的量化责任，以至于似乎忘记了也许还有其他的可能。对自己负责需要考虑什么值得学、什么值得教、收集什么样的学习行为记录可以明确所教内容的影响，以及如何利用这些信息为未来的学习提供参考。

  对自己负责往往需要征求他人的意见，这样可以避免过于依赖主观判断，并帮助我们直面棘手的问题。虽然听上去有点儿矛盾，但是却合乎情理。在"何为'伟大'"中，琼和她的同事回顾了课堂讨论的记录，以确定学生是否认真考虑了其他学生的观点。黛比·米利根是一位摄影老师，也是琼的同事。她分享了自己对教学与合作的反思和理解："让学习可见这个理念使我们全神贯注地思考正在做的事情。而通常情况下，我们的注意力很容易被无关紧要的小事带偏。诸如'你为什么这样做'这样的问题能敦促我们理清思路，明确自己正在坚持的和想要遵循的原则。"

  与标准化考试分数不同的是，学习行为记录能帮助老师了解自己的教学情况及其影响，还能为以后的教学工作做铺垫。在让学习和学生可见的过程中，学习行为记录拉近了师生的距离，让老师可以观察到学生的理解、误区和兴趣。我们在第9章中提到，本·马德尔在回看当天课堂上的视频后，发现学生对马拉松的总长度很感兴趣，他们甚至还想知道自己能否跑完全程。本利用这个信息准备了第二天的课。科学学科的专家教师、阿曼达·范弗莱克的同事林·塔克指出：

> 记录学习行为和旁观小组学习能让老师看清"现实"。我们常常会"教"学生某个内容，然后相信他们已经"掌握了"，可哪有这么简单的事情。记录学习行为和信任学生能通过同伴互动有效地

[①] Seidel, S. (2008). Forword: Lessons from Reggio. In L. Candini, S. Etheredge, and L. Hill (Eds.), *Insights and inspirations from Reggio Emilia: Stories of teachers and children from North America* (pp. 14-15). Worcester, MA: Davis.——作者注

学习（原因多种多样，例如，学生只有用言语表达想法、关注和倾听不同的观点，才能提升参与感和责任感）揭示了学习的本质，并告诉老师需要在哪些方面以最大限度地促进学生的学习。实际上，教学相长，这也展示出了记录和证据的力量——它们是用来修改策略和促进变化的，而不是用来评判和惩罚的。

✖ 对学习社群的成员负责

在学校的教学团队中，成员们对彼此负责，意味着他们能够对他人和自己的学习做出贡献，并形成学习社群的集体身份认同。让学习和学生可见的理念能帮助老师在课堂上及教学团队中形成这样的责任意识。

通过对课堂学习情况的密切观察，老师能进一步了解学生的各种能力，包括学生相互学习的能力。老师不是亲自指导学生学习或一直单方面提供答案，而是让学生互相帮助和探讨。老师应当经常让学生思考：为了让他人了解正在学习的内容，我们需要提供哪些重要的信息？在"了不起的摩天轮跳水"中，琼和诺拉最初只是想在走廊上展示自己的作品，但很快她们的动力变成为观众打造一次独特的学习体验。琼和诺拉希望其他学生也能像她们一样理解这个数学方程式，因此，站在对该内容不太了解的观众的角度，她们仔细评估了自己的展品：它能否吸引这部分观众的注意力，观众能否有效地接收她们传递的信息？无论是学习前、学习中还是学习后，老师都可以鼓励学生与他人分享学习。分享能促进元认知，帮助学生理清思路，强化理解。

对彼此的学习负责不仅改变了走廊展出的内容与目的，还影响了员工会议、教师评估等学校教学结构。学习特写中的大多数老师都有自己的学习小组。在这些小组中，成员们会定期分享学习行为记录，以加深自己和同事对学生学习方式的理解。他们经常邀请同事和家长来到他们的课堂——无论是亲临现场还是通过学习行为记录，以寻求不同的视角和教学支持。妮科尔和本请家长们帮助记录课堂项目，并分享相关的专业知识。同时，教师评估也更多地从学习行为记录出发，老师和学校考核人员会在记录的基础上提出各自的想法。

学习相关主题的班级也可以彼此支持。在"春池"中，七年级两个班的学生分享了各自的水生物观察笔记，在此过程中比较异同、构建和检测他们的理论。在"一扇小黄门"中，妮科尔带着学前班的孩子观摩了四年级学生制作的图表，希望这些作品能给他们组织和分享数据提供一些灵感。而这群学前班的孩子后来又把亲手制作的门作为礼物送给了学弟学妹们。

对更大的社区负责

师生的学习展览为学校提供了对更大的社区负责的另一种方式。在教学中，老师往往会收集到很多标准化考试反映不出的有价值的学习证据，当他们向各种各样的参与者分享这些证据时，一场围绕教育价值和学校教育的对话就此展开。俄亥俄州的威克利夫进步社区学校在2007年春季举办了第一次全校范围的教学展，想利用这次机会探索教学问责的新方式。用前校长弗雷德·伯顿的话说就是：

> 测试和责任归属总是难以尽善尽美，但在没有尝试走出一条新路……对自己、对彼此、对社会负起更多的责任之前，我们不能轻言放弃。这些展出是了解孩子们的另一种方式，也能让大家从新的视角看看威克利夫的师生在钻研什么，在反思什么。[1]

尽管标准化考试的分数的确可以让我们了解到基本技能和学科知识的教学情况，却几乎不能展现超出考试范围的在校体验或其他品质，也不能为改进教学或实现学校使命提供更为及时且有用的参考。我们需要将学习行为记录作为一种新的评估方式，它根植于第7章介绍的五大学习原则。我们相信，口头或书面语言尚且无法触及、表达或捕捉学习的所有内容，更不用说既定的课程或标准化考试了。

---

[1] Krechevsky, M., Rivard, M., and Burton, F. (2010). Accountability in three realms: Making learning visible inside and outside the classroom. *Theory Into Practice, 49*(1), 64–71. ——作者注

当学生认识到学习会延伸到学校的院墙之外时，他们的学习体验将会更加真实。对参加"春池"项目的学生来说，意识到自己的项目能为保护社区的自然资源贡献一分力量时，他们放弃了课间休息，还在放学后留下来继续工作。威克利夫进步社区学校的教学展展出了学习过程与学习成果，这拓展了参观者对孩子们思维、情感与审美的认知。本·马德尔对波士顿马拉松研究项目的记录不仅为下一步的研究指明了方向，也向其他老师和家长展示了幼儿的巨大潜力以及小组合作对学习的贡献。

借助展览、学习特写、学生创作的作品和其他公共平台来让学习可见是十分宝贵的机会，能让人们看到一个学习社群及其成员所重视的学习经历和推崇的教育方法。这样的学习行为记录使项目得以走出原来的情境，让更多人参与孩子应该如何学习以及学什么的讨论。带着这样的意图分享学习行为记录可视为一种政治行为——塑造公众对学生、对学校教育目的和教育政策的看法。

心理学家列夫·维果茨基曾说："周围的人如何思考，孩子就会如何思考。"本书介绍的教学实践都有一个核心目标，那就是创建一个个智识社区，让孩子和成人都能锻炼思维，获得作为学习者的身份认同。这些社区鼓励师生成为主动的参与者和积极的反思者，让学习的目的性、社会性、可展示性、赋权性和情感性原则可见。

我们承认，让学习和学生可见是一项既复杂又耗时的工作。太多的老师在各种条件的束缚下举步维艰，深感这些做法的遥不可及，这也令我们感到很沮丧。但与此同时，用我们瑞吉欧同事的话来说，让学习可见使学习成为可能。瑞吉欧和美国的教育工作者（很多人的经历在本书中都有提及）所做的尝试给了我们莫大的慰藉、勇气和启发。他们和学生一起创造了小组学习和个人学习都能蓬勃发展的环境。对他们来说，让学习和学生可见并不是额外的工作，而是他们的本职工作。

第三部分

让学习和学生可见的工具

这个部分将会介绍各种支持小组学习和学习行为记录的资源与工具。大多数工具来自一线老师在课堂上应用"让学习可见"理念、实践小组学习与学习行为记录的经验。有的资源是面向老师的，有的是面向学校管理者的，还有的是面向家庭和社区的。大多数资源与工具都要求大家仔细回顾学生的思考和学习，从而加深自己对教与学的理解。天底下没有什么让学习可见的诀窍，因此，你需要花时间寻找和调整适合自己教学环境的教学策略。接下来的章节将涵盖以下五类工具和资源：

- 支持课堂上的小组学习。
- 支持教师学习小组。
- 记录个人与小组的学习行为。
- 让家庭成为学生学习的后援。
- 让学习在课堂外可见。

每一个工具几乎都能应用于从幼儿园到高中的所有年级。这五个章节都适用于老师。"支持教师学习小组"和"让学习在课堂外可见"对学校管理者来说尤为重要。"让家庭成为学生学习的后援"可以为家长带来一些启发。

第 11 章
支持课堂上的小组学习

在整个学年中,老师都可以利用本章介绍的工具来创建学习小组,构建乐于交流的课堂文化。

工具 1 "让学习可见"起步

这个工具适用于刚接触小组学习与学习行为记录的成人——新老师、助教、实习老师等。我们归纳了五种切实可行的方法来打造学习者社群,例如,用学习行为记录鼓励合作,以及开发能够提升同伴反馈能力的策略。

工具 2 关注小组学习:课堂讨论指南

利用这个工具,教师可以非常有效地与学生讨论学习小组是如何形成的,有什么功能,以及是如何展示学生的理解的。讨论问题包括"哪些东西自己学最有效""哪些东西在小组中学最有效""在小组中,你是如何做决定的"等。

工具 3 分组注意事项

这个工具展现了分组时需要牢记的八个因素:小组规模、稳定性、性别、文化背景、学生兴趣、能力、友谊和学生的意见。

工具 4　项目起始记录表：让所有小组成员都参与进来

这个工具旨在帮助老师确保每个学生都在参与学习。很多老师都想用轻松随意的方式吸引学生参与，而项目起始记录表可以帮助老师记录自己的想法，以便随时修改或分享给其他人。

工具 5　给予和接收反馈的脚手架

最后，我们将详细介绍支持学生共同学习与互相学习的脚手架。给予和接收同伴反馈会激励学生将自己视为知识资源的提供者，并从多个视角考虑问题。

工具 1
"让学习可见"起步

不管你在哪里任教、教什么、教学对象是谁，对你的学生来说，在一个学习社群中学习都是至关重要的。刚开始接触"让学习可见"的老师常常不知道该从哪里入手，那么工具 1 正是你需要的。它简要介绍了如何在学年初开展小组学习、创建学习行为记录，以促进学习社群的形成与发展。它明确了以下五种建立班级文化的方式，帮助师生互相学习、共同成长。

- 建立一个教学团队来支持学习社群中的学生。
- 为小组讨论创造更多机会。
- 用学习行为记录推动合作。
- 培养同伴反馈的能力。
- 让学生布置公告栏。

谁 学校管理者、教研组长，以及教师培训师均可在教师会议上使用这个工具。在向新老师、实习老师、助教、家长志愿者、对此感兴趣的同事和学校访客等介绍"让学习可见"的理念时，也可以使用这个工具。

怎么做 把这个工具分发给老师，或者在学年初的职业发展课程中使用它，以便为老师提供更多关于建立学习小组的信息。

❖ 其他形式与延伸

- 专注于一两个策略并记录实践过程。

- 和同事一起头脑风暴。
- 制作自己的"让学习可见"入门指南。
- 向家长介绍这个工具,并询问他们的看法。

❋ 建立一个教学团队来支持学习社群中的学生

你和同事是学生学习合作的绝佳榜样。学生会观察你们讨论和解决问题的方式。你可以邀请教师团队中的一位老师主持讨论或活动,你和其他团队成员参与其中,用亲身示范告诉学生,在课堂讨论中,那些有利于小组合作的点评与反馈是什么样的。这样的参与传递了这样的信息,即班级中的每个人都是学习社群中的重要一员。

❋ 为小组讨论创造更多机会

在小组中,学生更容易讨论、辩论和分享想法,可以和兴趣相投、能力互补的同伴一起工作。即使在上大课的时候,老师也可以考虑让学生和邻座的同学交流想法,或让大家先在小组中讨论,再在全班分享讨论结果。

❋ 用学习行为记录推动合作

合作不是自然而然产生的。尽管有些学生已经具备了和他人一起学习与工作的能力,但很多学生还是把同学视作竞争对手,把老师当作获取知识的唯一来源。通过查看学习行为记录——笔记、照片、视频、学生作品或部分对话内容,学生可以在小组讨论中反思和点评他们共同学习的情况,也可以看到彼此是怎样互动、怎样建立小组规范的。老师可以用学习行为记录来庆祝学生的进步(强调合作学习可能会吸引学生投入更多精力),还可以将它张贴在公告栏上,与他人分享学习社群的重要方面。

✳ 培养同伴反馈的能力

学生互相分享策略和想法，有时比老师下指令更有效。老师可以多给学生在小组中进行同伴反馈的机会，以便学生讨论诸如积木搭建、科学绘图、创意写作、数学问题这样的手头工作。这类讨论不仅可以提升小组成员提出有用反馈的能力，还会鼓励大家向着高标准前进。在全班分享反馈环节出现的亮点，也会促进合作。

✳ 让学生布置公告栏

公告栏是非常强大的让学习可见的工具。你可以问问学生最想把哪些学习成果分享给学校的其他师生。你还可以在其中加入你自己的观点，比如添加一个概括性的标题或针对你从学生作品中学到的内容做一小段总结，或考虑加入学生对自己作品的反思——难懂的地方、惊喜的时刻或兴奋的瞬间。要给观众提供反馈的空间，具体的问题和邀请能引发更有价值的反馈（问问学生想要哪方面的反馈）。

工具 2
关注小组学习：课堂讨论指南

在"什么样的学习最有效"这个问题上，学生往往很有发言权。这个工具源于瑞吉欧的课堂，它为发起有关个人学习和小组学习的讨论提供了一种方法。

谁 这些讨论问题适用于任何年龄段的学生。

怎么做 学年初这个时间点很适合在全班或小组中发起这样的讨论。你可以记录或总结学生的回答，然后把整理好的信息张贴出来或者保存下来供以后参考（参见"其他形式与延伸"）。

准备（20—25 分钟）

- 根据你对学生的了解，从《让儿童的学习看得见：个体学习与集习学习中的儿童》一书[1]中选择一篇能激发他们参与热情的视觉论文，并做好在课堂上展示这个案例的准备（比如，从"让学习可见"的网站上下载 PPT 或者复制文本，等等）。根据我们以往的经验，"瑞吉欧之城"的案例，以及"围着玫瑰树转圈圈"的案例都非常受欢迎。你可以在"让学习可见"网站上了解到更多信息（www.mlvpz.org/documentation/indexd708.html），也可以选择本书学习特写中的案例。

- 在向学生展示选好的视觉论文之前请先通读，再根据学生的年龄对案例进行适当的编辑。

---

[1] Project Zero and Reggio Children. (2001). *Making learning visible: Children as individual and group learners*. Reggio Emilia, Italy: Reggio Children.——作者注

- 请想清楚你希望与学生探讨的话题是什么,以及你想问的问题有哪些(建议见下文)。你想了解学生对小组学习的哪些感觉和想法?你觉得学生会有哪些反应?简要地记录你的假设。
- 你想以什么形式进行案例展示与讨论?全班?小组?你最想了解什么信息?你会如何记录这些信息?请选择至少两种记录方式,比如录音、拍照片或做笔记。

展示与讨论(30—45 分钟)

- 在分享视觉论文之前,请学生回想之前的小组学习经历。
  △ 哪些东西自己学最有效?
  △ 哪些东西在小组中学最有效?
- 提醒学生在看视觉论文时要仔细观察每个人在小组中是如何工作的,他们说了什么,什么时候独立工作,等等。
- 展示视觉论文。
- 引导讨论。询问学生注意到了什么,什么让他们很吃惊,以及他们有什么问题。你可以参考下面这些问题,或者准备自己的问题。
  △ 这个小组是如何共同学习的?
  △ 回想你曾经参与过的学习小组,有没有哪个进展很顺利,或者有助于你的学习?
  △ 哪些迹象能说明一个小组合作得很好?
  △ 在小组学习中,每个人学的东西都是一样的吗?
  △ 在小组中,你是如何做决定的?
  △ 你更喜欢独自学习还是在小组中学习?为什么?
  △ 在小组中学习会遇到什么挑战?独自学习的时候呢?
  △ 假设你是这个班的老师,你想让学生在小组中学习什么?你会怎么分组?(多少人一组?要不要把关系好的分在一组?需要按性别分吗?按技能或兴趣分吗?有没有成人?)

△ 你如何判断一个小组的成员是否都在学习？

△ 如果我想记录你是如何学习和思考的，你会给我什么建议？是在独自学习时记录，还是在小组学习时记录？

△ 你有什么问题想要问我吗？

如果在推进讨论的过程中遇到了困难，不妨回到案例中的某个片段，询问学生注意到了什么。

反思

- 抓住任何空闲时间，快速回顾你收集的记录。如果发现有助于你理解小组学习的关键瞬间或亮点，要及时补充记录，以便日后回忆。
- 整理你的记录，以便以后分享给同事。
- 把记录分享给同事，询问他们对记录的看法。从中选择一个或多个时刻、观察或解读与学生分享。

✱ 其他形式与延伸

- 从其他资源中选择孩子（或成人）在一起学习的案例，然后展开讨论。比如，课堂上真实的对话记录。
- 把视觉论文、学习特写或者班上的对话记录发给学生，让他们找出不同人扮演了什么角色。
- 把学生的回答记录下来，作为之后整个学年的参考。老师和学生可以时不时回顾这个记录，以对比小组合作的情况。
- 期末，让学生再次回答上述问题（部分或全部），并比较他们的回答。
- 对于年纪较小的孩子，老师可以提供视频片段或图片作为讨论的基础，并且准备更简单的引导问题。（如，"你想做这个小组中的谁？为什么？"）

❖ 如果你只有五分钟……

- 在开始小组合作前，让学生想出一个适用于小组学习的小妙招。
- 让学生选择一项在小组合作中他们愿意去遵守的言行规范。

工具 3
分组注意事项

有意识地分组有利于个人和小组的学习。尽管随机分组是快速有效的，但提前考虑小组构成甚至参考学生的意见，对之后的学习将有很大的帮助。当然，没有什么可以直接套用的分组公式。任务的性质和构成、时间长短、你或学生的学习目标等都是分组时需要考虑的因素。下面的分组清单明确了分组时要注意的八个要素，供你参考。

怎么做　分组的方式取决于任务的需要。第一步，你需要判断一项任务是否值得分组。第二步，你需要确定这项任务要求学生具备什么能力，扮演哪些角色。如果你想进一步了解小组的构成，可使用下面的分组清单。

分组清单

小组规模　随着小组人数的增多，每个学生能分享和探讨想法的机会就会减少。三人组比两人组的视角更多元。三人组、四人组更可能产生复杂的互动，激发潜在的建设性矛盾。小组规模在一定程度上取决于这个小组积极参与有效工作、沟通和处理冲突的能力。在理想情况下，小组应该足够小，以便每个人都能明确彼此的想法和贡献。

稳定性　如果小组学习的目标是建立集体知识，我们就需要相对稳定的小组（尽管如此，也可以偶尔打乱分组）。如果你将重心放在学生独立学习上，那么就没必要将他们长期固定在小组中。采用拼图分组[①]这

[①] Aronson, E., and Patnoe, S. (2011). *Cooperation in the classroom: The jigsaw method* (3rd ed.). London: Pinter & Martin. ——作者注

种合作学习策略，小组里的每个人都会认领学习内容的一个板块，然后各个小组中学习同一板块的学生会聚在一起研究材料，最后他们会回到原来的小组中把刚刚学到的内容分享给组员。拼图分组鼓励学生对自己的学习负责，还为他们提供了教中学的机会。

性别与文化背景 性别与文化背景这两个要素对小组的运作和学习也有很大的影响。女孩更喜欢在人数较少的小组中学习。不同文化背景的学生会给小组带来多元视角，从而丰富小组的交流，拓宽学生的认知。

学生的兴趣与能力 学生对话题的兴趣会影响他们对任务的投入程度。根据不同的话题和学习目标，老师可以尝试把兴趣相同或兴趣互补的学生放在一起。把能力不同（但也不要差得太远）的学生分在一起，对整个小组的学习是有利的。在有的任务中，老师还可以考虑组合各种不同的能力，比如写作、绘画、数学、引导力和领导力，还可以试着把能说会道的学生和行动力强的学生分到一组。

友谊 有时候朋友是小组合作的加分项，而有时候却是干扰项。和熟悉的人一起面对崭新甚至陌生的任务可以增加信心。尽管与一般同学相比，朋友之间更容易产生分歧，但正因为友谊的存在，朋友之间更不容易心存芥蒂，分歧也更容易被化解。朋友也更有可能关注对方的成果，成为彼此的忠实观众。一起上过多堂课的学生往往能找到并利用彼此的长处（例如，他们知道谁更擅长数学、艺术，谁更擅于推进小组工作等）。

学生的意见 让学生参与分组可以让他们更投入。请注意区别这两个问题："你想和谁一组？""和谁一组你能学得最好？"是的，你可以参考学生的意见，但最终决定权还是在你或几个学生手上。学生的建议和考量可能会让你大吃一惊。在询问他们的意见前，你可以把清单中的几个要素分享给学生作为参考。

✳ 其他形式与延伸

- 和学生共同设计一套小组言行规范（例如，控制发言时间、允许不同意见、平等参与）。让学生轮流做言行规范小卫士，去评估大家遵守规范的情况。
- 尝试不同的分组形式，不仅能更好地了解学生，还便于以后更有效地分组。比如，按性别分组，或混性别分组；把安静的孩子分到一组；把不同能力的学生分成不多于四人的小组；把学生和至少一个合得来的人分到一组。
- 和学生开展一次对话，询问他们对分组各个要素的想法，比如，友谊、小组规模、学生的意见，等等。
- 提供一份量规或者和学生一起设计一份量规，以评估个人学习和小组学习。
- 偶尔让学生记录一下他们小组的参与情况，并分析收集到的信息。

如果你只有五分钟……

- 在小组活动结束后和学生一起复盘，让学生指出一件做得好的事情，以及一件需要继续努力的事情。

工具 4
项目起始记录表：
让所有小组成员都参与进来

在持续时间较长的单元学习中让所有学生都保持积极性并不是件容易的事情。当学生对某个话题失去兴趣时，他们可能会让整个小组分心。在一个长单元或项目开始前，老师往往会想出各种办法让学生参与，而项目起始记录表就可以记录这些想法，以便日后重温、修改或分享。设计记录表的目的是突出课程与学生兴趣和优势的关联，明确学生可能为小组做出的各种贡献。该表也能为分组提供有用的信息。

谁 老师、学生或家长都可以填写项目起始记录表。虽然老师可以选择自己填，但是和同事一起探讨可能会丰富其中的内容。如果多位老师共同教学，则可以先分别填表，再比较彼此的信息。

怎么做 可以用类似下面两页的表格或 Excel 电子表格制作记录表。首先，在第一列写下全班学生的名字。然后，在第二列、第三列分别写下学生与学习内容的潜在关联和学生有可能做出的贡献。贡献可以是和学习内容相关的（如曾经去过墨西哥、是个动物专家），也可以是和学习过程相关的（如能帮助小组专注于任务）。

❈ 其他形式与延伸

- 让学生补充或自行填写记录表。
- 公开分享记录表，方便学生互助。
- 让家长填写记录表，可以填写自己的信息，也可以填写孩子的信息。
- 尽管此表通常由老师填写，但你也可以在单元学习开始前通过采访学生来获得信息。你可以通过录像或其他方式记录学生的回答。问题可以包括：

- △ 关于_____，你已经知道什么？
- △ 为什么学习_____很重要？
- △ 对于_____，你想了解什么？
- △ 我们可以怎样去了解_____？
- △ 为什么其他人也需要知道_____？我们如何与他们分享这些信息？
- △ 你对学习_____有顾虑？
- △ 在学习_____的过程中，我可以给你哪些支持？
- △ 你还有什么问题想问我？

❖ 项目起始记录表样例

在下表中，本·马德尔列出了学前班的学生和即将开始的波士顿马拉松研究项目之间的关联。

本·马德尔的项目起始记录表

学生姓名	关联	贡献
阿迪	对民权运动很感兴趣；可能对女性参加马拉松比赛的历史有兴趣	领导力较强
亚历克斯	喜欢和意大利有关的一切；可能对意大利的马拉松选手感兴趣	可以帮迈克克服害羞的情绪
安德鲁	热爱听故事和讲故事	读写能力较强
克里斯托弗	他父亲曾跑过马拉松；喜欢比赛	有较强的组织能力、专注力
迈克	和亚历克斯在一组时可能会更愿意参与	擅于鼓励和支持组员

下表可以用来帮助九年级的学生开启《杀死一只知更鸟》(*To Kill a Mockingbird*；这部小说以美国亚拉巴马州的一个小镇为背景，讲述了一

场关于种族偏见的审判）的学习。最后一列的内容来自学生在项目开始前对调查的回答（详见"其他形式与延伸"中的问题）。

九年级文学课的项目起始记录表

学生姓名	关联	贡献	学生调查
保罗	老家在亚拉巴马州	擅于倾听	很喜欢这本书
尤塞夫	母亲是律师	绘画能力强	没听过这本书或其中的故事
伊拉娜	祖母参与了民权运动	了解民权运动	曾看过《杀死一只知更鸟》的电影
谢尼亚	爱读书	写作能力强	想成为小组的领导

下面是一张空白记录表。

项目起始记录表模板

学生姓名	关联	贡献

工具 5
给予和接收反馈的脚手架

这个工具会介绍几种给予和接收反馈的方式，包括反馈时段、评论小站（critique center）[1]和课堂例行活动。在给予和接收反馈的时候，学生将有机会：

- 把自己视为有能力引导和塑造自己与同伴学习的知识提供者。
- 标记项目进展，发现误区，修正想法。
- 培养提供、接纳和协商不同观点的能力。
- 更坦然地面对评估——通常这是一个敏感话题。

谁　学生之间的认知冲突往往比师生之间的认知冲突更有建设性，因为老师在学生心目中往往代表着权威。反馈可以来自一名同学、一个小组或一场有组织的全班讨论。老师要做的是告诉学生什么样的反馈是高质量的反馈。

怎么做　反馈什么时候能发挥最大价值？一是为凝聚了学生思考的学习成果（一份草稿、一幅画、一张表）提供反馈的时候，二是作品完成之前，三是学生提出具体问题希望听到各方意见的时候。

---

[1] 在学习小站时间（center time），学生会分组去不同主题的学习小站进行各种活动。这可以帮助学生在合作中学习，在各类活动中巩固学习。这里所说的评论小站是学习小站的一种，被分到评论小站的学生需要给彼此的作品提建议。——译者注

❖ 其他形式与延伸

适用于小学阶段

- 在学习小站时间引入评论小站。请学生注意以下原则［来自爱达荷州博伊西市的安瑟特许学校（Anser Charter School）］：

    △ 请三个朋友为你的作品提一些建议
    △ 提建议的三个原则：具体、友善、有帮助
    △ 你不是必须采纳这些建议

- 在小站活动的开始和结束时，请学生用以下规程跟同伴分享自己的作品，以获得反馈和启发。要做分享的学生需要提前做好准备。

    △ 查看（安静地浏览作品）
    △ 观察（我注意到……，我看到……）
    △ 聆听（分享者发言）
    △ 提问（你是怎么做的？你做了什么？我想知道为什么……）
    △ 启发（友善地提出能帮助分享者改进或完成作品的想法）

- 把学生和老师的建议张贴在教室里供全班参考。比如：

    △ ……给了我启发
    △ 也许……
    △ 我注意到……
    △ 你还可以做……
    △ 如果……会怎么样？
    △ 我想知道……
    △ 你是怎么做……的？
    △ 我可以……

- 在日常学习中安排例行活动，以便学生给予和接收反馈。用日常用语鼓励学生寻求和提供反馈。"你确定你已经大功告成了吗？去问问××，看看她/他对你的作品有什么想法。"在开启某个项目前，你可以让学生花两分钟时间在教室里到处走走，看看其他同学是如何开头的。
- 邀请其他老师、学校管理者、家长或学生来你的课堂给予反馈。

适用于所有年龄段

- "看—想—问"思维路径是由我们"零点计划"的同事戴维·珀金斯、罗恩·里查特和莎丽·蒂什曼（Shari Tishman）共同研发的，可以用来探索艺术作品和其他有趣的事情。它给出了三个句式鼓励人们仔细观察和深入思考："我看到……""我想到……""我想知道……"与其他规程一样，"我看到……"是纯粹的描述，不需要添加任何主观的解释或评价。
- 你看到什么？
- 你是怎么想的？
- 它让你想知道什么？

反馈阶梯

反馈阶梯的概念由戴维·珀金斯和丹尼尔·威尔逊（Daniel Wilson）提出，旨在为想法、计划、行动或作品提供建设性反馈。它包括四个步骤：澄清问题、赋予价值、分享顾虑、提出建议。反馈阶梯没有固定的时长，你可以花几分钟，也可以花一个多小时进行。（注意：你可以在网上找到多个版本和许多有用的模板）

第一步：澄清问题 问一些澄清性问题，以确保你完全明白了探讨的内容。避免在澄清性问题中夹带不加掩饰的批评。

第二步：赋予价值 具体地指出你认可这个内容的哪些方面。不要敷衍地说"很好"后马上话锋一转，用"但是……"快速插入负面评价。

第三步：分享顾虑 分享你的疑惑和担心。不要直接说："你错在……"请这样说："我想知道如果……""在我看来……"请做到对事不对人。

第四步：提出建议 提出能帮助学生改进的建议。这一步有时候可以和第三步同时进行（分享顾虑后可以直接抛出建议）。

✥ 如果你只有五分钟……

让学生两人一组，分别就自己在项目中遇到的困难提出一个问题。

✥ 初中生和高中生的反馈时段

在完成作品的过程中，老师每周可以安排一两个时段进行评论、反馈或成果分享。相对于大组，三到四人的小组讨论效果更好。在小组反馈开始之前，老师可以向全班示范一下整个反馈过程，还可以与学生一起就有效反馈和无效反馈进行角色扮演。请把反馈环节中常用的关键词和句式张贴在教室的醒目位置。以下流程供老师参考：

- 让学生简单介绍作品的制作背景。如果这个作品源于某次作业，学生可以介绍该作品反映了什么学习目标，或者他们觉得老师希望学生习得什么知识和技能。如果这个作品完全是学生自发制作的（学生为自己设置了所有目标），他们可以点明希望实现的目标是什么。在任何一种情况下，学生都应该先介绍自己的作品，并说明他们希望收到哪方面的反馈。老师可以参与其中，为学生示范什么样的反馈是有用的反馈。
- 从以下方面向小组提问。
    △ 仔细观察这个作品，重点是描述，而非评判或解读（你从这幅画中看到了什么？你从这篇文章中观察到了什么？）。如果学生开始评判或者解读内容，老师可以问他们这么说的依据是什么。
    △ 你有什么想问作者的？（为什么画的作者把脸涂成了蓝色？作

　　　　者是如何支持自己的主张的？）
　　△ 你建议作者接下来做些什么？（怎样可以让这幅画看上去更真实？如何让文章的论述更有说服力？其他人的作品中是否有一些你希望添加的内容？）
- 对于分析性作品或致力于解决某个问题的作品，学生可以用以下句式给予反馈。
　　△ 我觉得这个作品差不多大功告成了，因为……
　　△ 我觉得老师会认为很不错的一点是……
　　△ 我觉得相当不错的一点是……
　　△ 我认为在……上，你应该再检查一下或再深入一些，因为……（或我觉得你应该将……改进一下）
　　△ 我认为这个作品让我非常感兴趣或者说对我非常有帮助的一点是……

请用视频、音频、笔记或图片记录某些或所有反馈时段。老师可以在下一次反馈前分享记录的某些片段，告诉学生做得好的是什么，需要改进的有哪些。

❖ 如果你只有五分钟……

让学生两人一组，分别就自己在项目中遇到的困难提出一个问题。

第 12 章
支持教师学习小组

本章包括帮助成人探索学习小组与学习行为记录的实践活动、创建成人学习小组的实用工具，以及讨论与反思学生学习的规程。规程可以用来引导对话。工具 7 到工具 10 所介绍的规程鼓励老师密切观察并分析学习行为记录，以深入了解学生的学习。学习行为记录为对话提供了一个共同的参照点，人们可以基于该参照点支持或质疑某一个观点。在大家讨论观点和想法时，记录者往往会保持沉默，以便用心聆听，从多种视角中汲取精华。

工具 6 "让钱飞起来"：探索小组学习与学习行为记录

在这个互动活动中，成人学习者会成为小组成员和学习行为记录者，去探索个人学习与小组学习的关系，以及学习行为记录是如何支持学习的。

工具 7 创建并引导成人学习小组

在这个工具中，我们会指出创建并引导成人学习小组的注意事项，还会提供一个讨论议程的范本和一些可用的讨论问题。

工具 8 回顾学习行为记录：合作评估会议

如果老师想通过步骤明晰的对话（从观察、描述到解读、推断）来回顾学生的学习或学习行为记录，这个工具便是不二之选。

工具 9　创建公开的学习行为记录：规程 1

这个工具适用于刚开始创建学习行为记录，以及想从同事那里获取反馈的老师。

工具 10　创建公开的学习行为记录：规程 2

这个工具以工具 9 为基础，旨在帮助老师在创建学习行为记录上更进一步。

工具 6
"让钱飞起来"：
探索小组学习与学习行为记录

这个工具的核心是让人们快速地参与解决问题，建立理解（下面以空气动力学的学习为例），从而为有关个人学习与小组学习的交流奠定基础。对成人学习者来说，这个活动很容易上手，便于直接体验"让学习可见"的理念和实践。代入小组成员和记录者的角色后，学生会思考人们在小组中学到了什么、是如何学习的，以及学习行为记录是如何为小组学习提供支持的。我们希望活动的参与者能将学习行为记录视为一个观察、记录、解读、与学生分享信息的过程，以及一种塑造未来学习体验的工具。

谁　这个活动是专门为学校管理者、教研组长、教师培训师和其他从事成人教学的工作者设计的。家长、监护人、高年级学生也可以用它来探讨学习行为记录在小组学习中的作用。

怎么做　这个活动需要35—45分钟，所需材料包括（具体数量取决于小组的人数）：约21.6厘米×28厘米的纸、剪刀、胶带、回形针、1分钱的硬币、木质咖啡搅拌棒、铅笔和马克笔。四五人小组为佳。请确保每个小组至少有两个记录者和两个学习者。

第一步：开展活动（15—20分钟）

把参与者分成四五人一组，让他们在小组中进行自我介绍。

给学习者的指令　你们有12—15分钟的时间设计两架不同的纸飞机。这两架纸飞机需要载着至少5枚1分钱硬币飞行至少3米。

给记录者的指令　首先，请在观察时思考以下问题：在个人和小组构建知识的过程中，你注意到了什么？你能给出具体的例子吗？其次，注意捕捉有意思的或重要的时刻，抑或是那些想法发生转变的时刻。最后，描述和解读这些时刻对集体知识的构建有何作用。请自行记录你的观察。你可以用任何方式记录，比如，写下一些对话，用手机拍照，用简短的描述性话语做笔记，画画，或制作图表，但你必须用某种具体的方式记录下你的观察。

第二步：在小组中复盘（10—12分钟）

记录者　刚才你们观察并记录了个人和小组构建知识的过程，请选择一些记录分享给学习者。请试着选择那些有意思的、重要的或想法发生转变的时刻。你们还可以解读这些时刻是如何推动学习进程的。

学习者　听了记录者的观察和解读后，你有什么想说的？哪些时刻对你来说是有意思的、重要的或有转折意义的？你学到了关于空气动力学的什么知识？请把这些分享给记录者。

学习小组　选择一件你们学到的有关空气动力学原理的事，以及一件有关个人学习和小组学习或学习行为记录本身的事，并与全班同学分享。准备好之后，你们可以随意走动，看看其他小组的设计。

第三步：全班讨论（10分钟）

每个小组分别分享刚才讨论的内容。时间允许的话，还可以让各小组讨论以下两个问题：

- 在分享记录过程中你注意到了什么或者学到了什么？
- 在与同一批学习者进行下一次活动时，或者在你自己的课堂上，你会如何利用刚才总结的信息？

工具 7
创建并引导成人学习小组

即使你已经下定决心，要建立一个成人学习小组来研读学生的学习行为记录，也可能很难弄清楚从何入手。这个工具会告诉你筹备成人学习小组的注意事项，还提供了一份研读学生学习行为记录的讨论议程范本与讨论规程。

谁　这个工具对学校管理者、教师培训师或教研组长这些辅导成人学习小组的人来说是最有用的。成人学习小组可以是班级团队、年级教学组、学科教研组，也可以由来自不同学校的同行组成。

怎么做　在创建成人学习小组时，请考虑以下因素：

小组规模和构成

请决定小组的规模（最好是4—8位成员），并根据你的目标确定分组的标准（比如，对某个话题的兴趣、同年级或跨年级、同学科或跨学科、多元视角，等等）。

讨论时长和频率

请决定多久进行一次讨论，每次多长时间。理想情况下，每个月讨论一到两次，一次45—60分钟。

轮换时间表

请制作一个轮换时间表，确保每次讨论都有一两个人或者小组分享学习行为记录，供大家交流探讨。

学习行为记录分享指南

请提供选择与分享学习行为记录的指南：

- 请参与者确定一个和教与学有关的问题，以引导整个探究（见第13章工具12）。尽管提出一个问题有助于有针对性地记录信息，但有时老师更倾向于不受拘束地记录，随时直面各种情况（见第13章工具13）。
- 把学习行为记录保存为易于分享的格式，如可以用电脑或投影仪展示的视频或PPT，或把文本和图片打印出来供大家查看。视频片段应控制在5分钟以内，最好能播放两次。文本的阅读时间应控制在3—5分钟。
- 简短地介绍这段学习行为记录的背景信息（2—3分钟）。
- 在讨论之前，请选择一个规程或思维路径。

小组规范

请和小组成员一起确定大家都需要遵守的规范，例如：

- 准时开始，准时结束。
- 确保每个人都能公平参与（可以考虑按顺序轮流发言）。
- 小组成员轮流记笔记、计时、引导讨论进程、监督规范的执行。

笔记

请思考如何捕捉小组正在学习的内容。捕捉到的信息可以自用，也可以分享给他人。

讨论议程范本（30—35分钟）

- 回顾讨论目标、小组规范、议程，以及上一次讨论的笔记或高光时刻。（2分钟）

- 参与者简要说明自上次讨论后各自课堂的最新进展。（3—5分钟）
- 分享者提供简要的背景信息。（3分钟）
- 小组成员向分享者提出澄清性问题。（2分钟）
- 小组成员安静地查看学习行为记录。（3—5分钟）
- 分享者不发言，小组成员回答以下问题。（10—12分钟）
  △ 你从这份学习行为记录中看到了什么或听到了什么？列出具体证据。
  △ 这份学习行为记录反映出了什么问题？（分享者不回答）
  △ 这份学习行为记录对教与学有哪些启示？分享者下一步可以做什么？
- 分享者分享自己的收获。（2分钟）
- 小组成员记下至少一个可以用在自己课堂上的点子，并与大家分享。（4分钟）
- 回顾整个规程并感谢分享者。（1分钟）

❖ 其他形式与延伸

- 分享者可以在介绍背景信息时提出一两个问题，以便获取更多的具体反馈。
- 尝试不同的时长。整个规程花费的时间更长或更短时，你注意到了什么？
- 下面的内容是小组成员可以回答的其他方面的问题。请从下面挑选两三个重点问题，确保它们是整个小组或多个成员都有兴趣探讨的。

❖ 学生在学什么，在尝试理解什么

- 学生正在研究的关键概念或技能是什么？

- 有哪些证据可以证明学生的学习情况？

✳ 小组学习进行得怎么样

- 学生之间的互动或对话是如何帮助或阻碍他们学习的？（可以考虑学习小组的规模和构成、使用的语言和策略、学生扮演的不同角色，以及他们选择跟他人分享的信息）
- 在哪些时刻，一个人的想法可能影响另一个人甚至整个学习小组的想法？
- 就这份学习行为记录而言，你觉得可以从哪些方面改善小组的学习环境（如空间布局、时间、材料、任务的性质等）？

✳ 下一步做什么

- 接下来，你会尝试做什么来加深或拓展学生的思考与学习？
- 与学生分享学习行为记录甚至你的反思有什么价值？你会选择分享哪些内容？你会如何分享这些内容？
- 在看了这份记录后，你还有什么困惑？还有哪些感兴趣的地方？

工具 8 到工具 10 会提供其他的讨论规程供你选择。你还可以在 www.makinglearningvisibleresources.org 或 www.schoolreforminitiative.org 上找到其他替代方案。

✳ 如果你只有五分钟……

- 在每次教师讨论前分享一个简短的视频片段或其他形式的学习行为记录。
- 教师讨论前五分钟，遇到困难的人可以寻求帮助，并获得快速反馈，或者进行头脑风暴。
- 当你觉得自己的课堂有些不对劲儿的时候，不妨邀请一位同事走进你的课堂看看。
- 以一周为单位，把学习行为记录张贴在办公室或教师休息室，并在旁边注明，你想邀请同事们在便利贴上写下各自的想法和疑问。

工具 8
回顾学习行为记录：
合作评估会议

合作评估会议（Collaborative Assessment Conference，简称 CAC）是由史蒂夫·塞德尔和"零点计划"的同事们于 1988 年开发的。从观察和描述，到解读和推断，CAC 能帮助老师循序渐进地审视和讨论学生的学习或学习行为记录。当你想全神贯注地研读一份学习行为记录，以及练习观察与描述技能时，这个规程是个很棒的工具。

谁 它适用于任何教学小组或想更深入了解学生学习的其他成人。

怎么做 选择一个人做引导员，让他带领整个小组完成每个步骤，同时负责记录时间。引导员先要解释规程的原理，带小组回顾每个步骤，还要提醒参与者，不要对学习行为记录做任何评判或假设。如果参与者提出了假设性或评估性的评论，引导员应问道："请问记录中的哪个部分让你得出了这个结论？"把规程张贴出来，或给每人复印一份。大多数规程都是以感谢分享者并复盘作为结尾的，哪怕只是用手势来表示赞同或反对也是很不错的。试过几次后，如果你发现这个规程不仅没有促进对话，反而抑制了对话，请不要再继续使用了。完成 CAC 整个流程需要约 1 小时。

开始
请在场的每个人安静地看分享者展示的学习行为记录。

描述
请小组成员描述这份记录中可圈可点的部分。注意不要评判记录的质量或提出自己的好恶（如"我喜欢……"或"我不喜欢……"）。

提出问题
在每个人都对学习行为记录做出描述后，请小组成员说出在前两个步骤中出现的问题。提醒大家，可能不是所有问题都能找到答案，重要的是留意学习行为记录引发了什么样的问题。

推测学生在探究什么

这里，请小组成员推测记录中的学生在探究什么并做出解释。

分享者时间

在这一步，请分享者就前几个步骤中的所见所闻发表观点：描述、提出的问题，以及对学生学习内容的推测。他们可以选择回答小组提出的所有问题，也可以选择回答部分问题。

讨论对教与学的启示

每个人都可以参与进来，分享前面的讨论引发的思考，并从中找到能支持个人学习和小组学习的方法。

反思整个规程

在会议的结尾留出时间进行全面反思——哪个部分非常有帮助？哪个部分让人很沮丧？

致谢

认可并感谢分享者和引导员的工作，然后结束讨论。

✳ 其他形式与延伸

欢迎在 www.schoolreforminitiative.org 或 www.pz.harvard.edu/thinking-routines 上查阅更多规程和思维路径示例。思维路径是一类非常简洁、容易上手的结构，它可以是很短的几个步骤，也可以是培养思维技能和性情，并深化学习的一串问题。如果你时间比较紧，可以考虑和学生或同事使用"看—想—问"，以及反馈阶梯（详见第 11 章工具 5）。

工具 9
创建公开的学习行为记录：规程 1

这个短小的规程适用于创建学习行为记录的初期。如果在学习过程中或结束后，老师想让学生查看自己的工作情况和学习行为记录，或者把它们分享给其他人，那么这个规程将是非常有用的工具。完成这个规程大约需要 25 分钟。

谁 在创建一份学习行为记录的初期，如果老师需要跟学生或他人分享，这个规程可以帮老师大忙。

怎么做 选择一个人做引导员，让他带领整个小组完成规程的每一个步骤，同时负责记录时间。引导员先要解释规程的原理，然后带小组回顾每个步骤。把规程张贴出来，或者给每人复印一份。结尾时要感谢分享者并复盘，哪怕只是用手势来表示赞同或反对也是很不错的。

- 分享者口头分享这份学习行为记录的背景信息。（2 分钟）
- 小组成员安静地查看学习行为记录。（3—5 分钟）
- 小组成员提出澄清性问题。（2 分钟）
- 小组成员根据以下问题给学习行为记录提出反馈，分享者只做记录不发言。（10 分钟）

　△ 在这份学习行为记录中，学习小组的成员都有谁？
　△ 在这段学习经历中，他们的学习内容可能是什么？
　△ 他们是如何共同学习、互相学习的？
　△ 这份学习行为记录中的哪些内容引起了你的注意，或让你特别感兴趣？
　△ 这份学习行为记录是如何传达这些内容的？

- 分享者总结最后的想法或收获。（2 分钟）
- 小组成员感谢分享者的分享。（1 分钟）
- 小组成员反思规程的效果。（2 分钟）

其他形式与延伸

- 根据大家的时间安排和分享的人数来调整规程的时间安排。
- 根据自己的疑问或兴趣调整规程中的问题。
- 如果小组成员实在找不到合适的时间见面，可以试试在 VoiceThread.com 这样的网站上分享记录，也可以把记录张贴在教师公共区域，请同事们在便签上留下自己的反馈。

工具 10
创建公开的学习行为记录：规程 2

这个规程也是相对快捷的工具，适用于想要公开分享学习行为记录的老师，如将记录发布在公告栏、展板或网络上。

谁 如果你正在制作一份将会公之于众的学习行为记录，或者你的记录工作已进入中后期，不妨试试。

怎么做 选择一个人做引导员，让他带领整个小组完成每个步骤，同时负责记录时间。引导员先要解释规程的原理，带小组回顾每个步骤。把规程张贴出来，或者给每人复印一份。结尾时要感谢分享者并复盘，哪怕只是用手势来表示赞同或反对也是很不错的。整个规程耗时约25—30分钟。

- 在学习本身、对记录的解读或针对解读给出的建议、观者的体验这三方面中，分享者指出他们最期待从哪两个方面获得反馈。（1分钟）
- 分享者向小组成员展示学习行为记录，不做任何口头解释。小组成员安静地查看记录。（5—7分钟）
- 小组成员就分享者挑选的两个方面给出反馈，分享者不发言。（10分钟）

  △ 学习本身：学习行为记录通过何种方式聚焦于学习，而不是记流水账？这份记录是如何让学习过程以及成果可见的？这份记录会如何促进对话或加深我们对学生学习的理解？

  △ 对记录的解读或针对解读给出的建议：这份记录包括了师生的何种解读？记录中的哪些证据可以支持这些解读？

△ 观者的体验：通过学习行为记录展示的学习内容，观者是否学到了他们需要了解的东西？对他们来说，记录中的视觉信息是加分项还是减分项？

- 分享者总结最后的想法，然后回答这些问题：我是否清楚接下来要做些什么？是的话，我需要做什么？不是的话，我还需要做什么来理清思路？（3—5分钟）
- 小组成员感谢分享者的记录。（1分钟）
- 小组成员反思规程的效果。（2分钟）

❖ 其他形式与延伸

- 根据大家的时间安排和分享人数来调整规程的时间安排。如果时间有限，"看—想—问"也是一个不错的选择（详见第11章工具5）。
- 根据自己的疑问或兴趣调整规程中的问题。
- 如果小组成员实在找不到合适的时间见面，可以试试在 VoiceThread.com 这样的网站上分享记录。

第 13 章
记录个人和小组的学习行为

这一章的资源旨在帮助大家去理解、创建并与学生和同事分享学习行为记录。有的工具可以用来帮老师明确记录的目的，有的则会引导大家通过视频、照片等收集或分享记录。

工具 11　学习行为记录何时让学习可见

创建学习行为记录的目的是让学习变得可见，从而帮助老师反思、与学生分享，甚至在更大范围传播。这个工具中的问题会引导老师创建、收集并检查学习行为记录，尽可能地让学习可见。

工具 12　通过有意识地探究开启记录之旅

我们会在这里介绍一种规程，帮助老师选择一个引导问题，有重点地进行观察和记录。

工具 13　通过退后一步开启记录之旅

这个工具将介绍另一种方式，让老师用更开放的心态开始记录。

工具 14　选择记录工具时的注意事项

这个资源将指出选择恰当的记录工具（如照片、视频、笔记和录音）时需要注意的事项。

工具 15　录视频和拍照片指南

这些指南和技术上的建议能帮助大家拍摄更精彩的视频和照片。

工具 16　对话框：让学生的发言可见

在这里，我们建议老师通过照片和对话框让学生的发言与思维可见。对话框作为一个看得见的参考与提示，能提醒学生（和他人）关注学习过程中出现的关键想法或关键时刻。

工具 11
学习行为记录何时让学习可见

  并不是所有的学习行为记录都能让学习可见,教学场景不同,其标准会有差异。在不同的学习阶段,学习行为记录也有不同的用途。但是万变不离其宗,高质量的学习行为记录会重点关注学习的某些方面,而不仅仅是如流水账般记下"我们做了什么"。好的记录还会提出问题,给师生创造对话机会,从而拓展和深化彼此的学习。

  怎么做 下列问题会分别引导大家在三个场景中收集、检查和创建能让学习可见的记录。这三个场景分别是:老师自己反思、分享给学生或同事,以及传播给更多人。你可以根据目的和场景的不同来改变这些问题。

老师自己反思

- 在记录学生言行的同时,我是否也记录下自己说了什么、做了什么?
- 这份记录能否帮我重新审视最初没有注意到或没能理解的事情?
- 它能否帮我找出学习的关键时刻或学习场景中的关键方面?
- 它能否对接下来的教与学提出一些建议?
- 它有没有提出我可以与同事或学生讨论的问题?
- 还可以记录哪些信息来扩展我的探究?如果多用几种记录媒介,我的记录是否会更有效?

分享给学生或同事

- 这份学习行为记录是否侧重于学了什么、怎么学,而不只是列出我们做了什么?

- 它能否促进交流或加深对教与学的理解？
- 它能否帮我解决有关学习的某个问题？
- 我应该在什么时候与学生分享这份记录？我们可以从中学到什么？

传播给更多人
- 学习行为记录是否为观众理解内容提供了充足的背景信息？
- 它是否侧重于学了什么、怎么学，而不只是列出做了什么？
- 它是否既关注了学习的过程，又关注了学习的成果？
- 它是否清楚地传达了我认为的学习中最重要的方面？
- 它是否包括老师或学生对学习过程的解读？
- 它是否使用了一种以上的记录媒介？
- 它能否为我们的集体知识添砖加瓦，同时促进有关学习的对话？
- 它的呈现形式能否吸引人的注意力？
- 它的标题是否引人入胜？

工具 12
通过有意识地探究开启记录之旅

　　开启记录之旅的方式可谓多种多样。有的老师喜欢先确定自己想要探索的教学问题，然后再开始记录。有的则会等到需求出现，再用记录的方式将需求呈现出来。当然，还有一部分老师选择广撒网，在观察或拍视频时并没有明确的目的，而是边记录边观望，看看会发生什么有趣的事。不管你如何踏出第一步，最重要的是你需要清楚为什么要记录以及你想从记录中学到什么。工具 12 和工具 13 会介绍开启记录之旅的两种方式——一种是有意识的，一种是探索性的。（第 11 章的工具 1 和第 12 章的工具 8 提出了熟悉学习行为记录的其他方法）

　　谁　老师们可以用"带着问题去记录"这个规程[1]来设计个人学习和小组学习的核心问题，然后用这个问题引导自己做记录。

　　怎么做　这个规程既适用于小组，也适用于大组。请至少留出 30—40 分钟的活动时间；小组的规模越大，讨论用时可能就会越长。

- 请决定你是否想确定一个核心的讨论问题。你可以独自一人提出问题，也可以与搭档或全组老师一起头脑风暴。（3 分钟）
- 用以下标准衡量每个备选问题（10—15 分钟）。

　　△ 你的问题是否和支持个人学习和小组学习相关？
　　△ 你的问题是否和你自己的教学兴趣与理念相关？
　　△ 你的问题是否和你所在学校的教学愿景或使命有关？

---

[1] 改编自 Allen, D., and Blythe, T. (2003) *The facilitator's books of questions: Tools for looking together at student and teacher work.* New York: Teachers College Press.——作者注

    △ 其他教育工作者是否对你的问题也感兴趣，认为它有价值？
    △ 你的问题是否与学生可以帮助你调查的主题相关？
    △ 你的问题是否易于管理（例如，它基于你之前的课堂活动）？
    △ 你的问题是否让你和他人赏心悦目（例如，简洁明了、具有启发性）？

- 在一张纸上写下你的问题，小组成员就上述标准（你自己的教学兴趣和理念除外）分享自己对这个问题的想法，你在旁边安静地听。（15—20分钟）
- 分享你的收获。（1—2分钟）
- 引导员表示感谢。
- 逐一讨论小组成员提出的每个问题。讨论下一个问题时，请重复上述步骤。
- 复盘整个规程。（2分钟）

工具 13
通过退后一步开启记录之旅

这既是一个工具，也是一个练习。它能帮老师在开始记录时退后一步，带着好奇心与求知欲去观察和聆听学生，以开放的心态面对意料之外的事情。

怎么做　在你的课堂上，选择一个时刻开始观察或聆听学生，然后记录一个或多个学生的学习或思考过程。提前准备好你的记录工具——纸笔、照相机和录音机，选择你觉得得心应手的记录方式即可。你也可以试着填写后面的“开启记录之旅计划表”。

选择一个合适的时间

- 学生在探索一个新材料或探讨一个新观点的时候。
- 学生的言行举止让你很不解或很吃惊的时候。
- 学生在讨论一篇文章、做项目计划或评论你刚才读的故事的时候。他们说了什么？他们提出了哪些问题？你可以琢磨一下学生的想法（最好把你的言行也记录下来）。

不管你选择什么时间开始，请观察和记录学生的话语与举动，同时思考学生可能在想什么、学什么，别忘了把你的这些想法也记录下来。

接下来做什么

尽快写下你的观察与反思。有可能的话，你还可以和同事一起回顾你收集到的信息（笔记、照片、视频、音频或你自己的反思）。你如何理解学生的一言一行？你觉得学生在想什么？学到了什么？哪些问题冒了出来？接下来你打算尝试什么？

❈ 其他形式与延伸

- 你在做记录的时候，应重点观察那些在建立联系的学生、在进行合作学习的学生以及观点常常不被重视的学生，积极捕捉那些发人深省的点子、关键问题、误区、假设、异议、显著的矛盾、不同的反应或任何值得再次讨论的信息。
- 把进展特别顺利或特别不顺的事情都记录下来。
- 可以考虑与学生分享部分记录。
- 对小学生和稍大一点儿的学生来说，你在退后一步观察和记录的时候，可以让他们自己主导课堂。
- 邀请学生记录选定的学习瞬间，并与同学分享。

❈ 如果你只有五分钟……

- 在下一次课上，跟全班分享某位学生的一句经典发言。
- 把你觉得很有意思的一个场景拍下来，然后在墙上张贴出这张照片。
- 你可以从前一天的活动中选择一小段视频展示给学生，让他们重温这一重要的学习瞬间。

开启记录之旅计划表

你会观察什么？

你会观察谁？

你会在哪里观察？

你会在什么时候观察？

你会使用什么工具（纸笔、照相机、录音机等）？

你认为自己可能会看到什么或听到什么？

你会让哪个同事和你一起研读这份记录？什么时候？在哪里？

Copyright © 2013 by John Wiley & Sons, Inc.

工具 14
选择记录工具时的注意事项

老师在选择用什么工具做学习行为记录时，通常需要考虑是否方便、是否有用。实际上，对不同的学习事件和活动，我们需要使用不同的工具来支持不同形式的交流。下面的指南有助于老师更好地了解各种记录工具的优势与局限。

谁　尽管这些注意事项主要是写给老师或其他成人（父母、祖父母、外祖父母、社区志愿者）看的，但是经过一些训练后，学生——甚至是低年级的学生也能胜任记录学习行为的工作。邀请学生做记录，可以让老师看到在学生眼中什么是值得关注的，并注意到不易发现的小组动态，同时培养学生自主记录学习行为和自主学习的意识。让那些难以融入集体活动的学生做记录还能让他们有效地参与到活动中来。

怎么做　尽管记笔记是最常用的一种记录方式，但拍照片、录视频、录音等记录方式也有各自的价值，我们会在下文中说明它们的注意事项，让学习行为记录更好地支持学生的学习，让学习可见。记录学习行为的过程一般分为以下六个步骤：

- 确定关注重点。
- 选择记录工具。
- 收集各种记录。
- 整理记录并分享给同事。
- 找到一个有用的讨论框架与流程。
- 用记录来指导接下来的教学或与学生分享记录。

这个工具的重点在于第二步——选择记录工具。工具 15 会提供一

些录视频和拍照片的专业建议。（想了解有关其他步骤的信息，请参阅第12章工具7至工具10）

❉ 选择记录工具时的注意事项

照片

除了展示简单的信息（比如，谁在场，他们在做什么，等等），照片还能传达更深层次的意境。如果你想捕捉特定的瞬间或一段学习经历，以便学生或他人回顾和讲述，你完全可以选择将照相机作为记录工具。对当时在场的人来说，一张照片就足以唤起他们的记忆和个人感受。对那些不在场的人来说，照片记录的情绪和场景也可以让他们身临其境。

照片的一个优点是可以使人们将注意力集中在某个或一系列时刻，进而展开深入的观察和分析。照片不仅让我们放慢脚步，还鼓励我们反思。然而，照片也有局限性，因为它将我们的观察和分析限制在了那几个被拍到的瞬间——它们仅仅是动态视频中几个静止的画面而已。

如果在一个学习活动中，声音扮演着重要的作用，那么我们最好选择用视频来记录。你也可以在拍照的同时辅以录音或记笔记。

视频

与静态的照片相比，视频能够以一种不间断的方式记录下画面与声音。视频特别善于捕捉动作、面部表情、肢体语言、手势、对话、语气和小组活跃程度。幼儿教师经常使用视频记录，因为幼儿主要通过动作来表达自己。虽然在很多情况下视频都是极佳的记录工具，但它也有缺点。

从操作可行性来讲，许多老师很难挤出时间拍摄视频（相较于偶尔拍摄一张照片）、观看视频（这本是视频记录的一个优势），并处理它（将它下载到电脑上或编辑成可分享的形式）。一边讲课（或引导学生）一边录像并不是一项简单的技能，却是一项值得学习的技能，因为它可以帮助老师不间断地记录。老师们可以尝试使用其他办法，比如，使用笔记本电脑、把摄像机放置在三脚架上，或者请同事或学生录像。虽然视频不像照片那样容易与他人分享，但它能更完整地还原一段学习体验，也便于老师事后获得各种不同的观点。

用磁带式摄像机拍视频虽然可能价格不菲（除非反复使用），但磁带比文件更容易存储。如果使用数码相机，你需要在拍摄间隙把文件导入存储卡或内部存储器，这样下次拍摄时才会有足够的存储空间。如果视频文件过大，你还需要考虑计算机的存储空间。好在现在科技发达，视频拍摄、下载和分享变得十分容易了。你可以试试苹果电脑上的拍照软件 Photo Booth，当然，你也可以直接用手机拍摄。

笔记

用打字或手写的方式记笔记是最简单的，也是对技术要求最低的。老师可以写下学生的发言、对话节选、观察或画速写图，来记录学生的思考。这样的笔记可以立即用于自我反思，或与同事、学生分享。许多老师在全班或小组讨论时都会在笔记本电脑上记笔记。如果打字速度很快，你几乎可以一字不差地还原大部分内容。如果倾向于手写，你可以重点捕捉关键词，然后尽早回顾笔记，及时补充缺失的部分。

记笔记还能有效地捕捉老师自己的思考——这是视频无法做到的，除非你直接对着摄像机说出自己的想法。笔记对照片也是一种很好的补充。你可以把看到照片后产生的想法记在笔记本上，或者直接写在照片上。你也可以使用 thinglink.com 这样的线上工具对图像做数字注释。让学生在照片上加注释也是很不错的反思或记录活动。

你可以私下记笔记，也可以公开记笔记。黑板或白板、海报纸或过塑的对话框（详见工具 16 的其他形式）都可以用来记公开笔记。学生或同事也可以参与进来。你还可以把笔记本、便利贴或其他书写工具放在显眼的地方，以便随时捕捉重要的瞬间和话语。有些老师还会穿带口袋的围裙，这样就可以把笔记本、铅笔和相机带在身上了。

录音

数码录音机可以很有效地记录下事件和活动中的对话和声音素材。与照相机或摄像机相比，录音机更容易操作，也没那么显眼。人们经常会忘记录音机的存在。除此之外，老师在活动开始时就可以很轻松地打开录音机，让它一直录到活动结束。

与摄像机一样，录音机也可以实时记录。你可以录上半个小时或更长时间，之后再回听。如果你就在现场，一个节省时间的小技巧就是记下开始录音的时间，以及你觉得重要的和想要重温的所有时间点。

录音的缺点就是分享起来有点儿麻烦。你可以直接播放（这需要你能够准确定位想要播放哪一段，想要跳过哪一段）或把某个片段整理成文字稿（这个方法更便于分享，但不仅耗时，还需要舍弃一些重要的信息，比如说话的语气）。

如果你只有五分钟……

- 简要地记录一名学生的真知灼见，并分享给全班学生。
- 拍下一个特别有影响力的学习瞬间，之后与学生一起回顾。
- 拍一张学生取得成功的照片，并把它贴在墙上。
- 在课前分享上一节课拍摄的几段视频。

工具 15
录视频和拍照片指南

这个工具为你提供了录视频和拍照片的小贴士，以及一些技术方面的注意事项。

谁　这些指南主要是为喜欢用视频和照片记录学习情况的老师、其他成人和学生准备的。现在大多数手机、平板电脑和笔记本电脑都可以用来拍照片和录视频。你需要提前确认学校对拍摄许可的相关规定。

怎么做　以下小贴士可以帮你拍出重点突出且行之有效的视频和照片。

整理与存储

如果你用的是磁带，请在使用前给每盘新带贴上标签（日期、主题等）。当磁带录满时，请把录制模式切换到保存模式以避免视频被新片段覆盖。如果你用的是闪存卡或内存卡，把视频导到电脑上后，请立即为每个片段或文件命名。确保电池已经充满，并且硬盘或闪存卡上有足够的存储空间。

使用三脚架

三脚架非常好用。如果你的拍摄对象在一个比较固定的位置（比如，一群人围着桌子工作，由你来引导一场讨论，进行一次采访，等等），用三脚架就可以拍出平稳的镜头。在你不在场的情况下，三脚架也可以帮你记录。如果没有三脚架，你可以用其他方法来固定照相机，比如，把照相机放在桌子上或一堆书上。

准备拍摄

在拍摄前一定要调试一下收音情况。你可以试着拍摄几秒钟，然后回放，确保收音系统运作正常。录视频时把照相机放在目标旁边，确保能采集到清楚的声音。拍摄时你不要说话，除非你想在视频中录入自己的声音。

注意光线

避免在对比度较高的地方拍摄，如明暗对比非常强烈的地方，或既有强光又有阴影的地方。不要逆光拍摄，也就是说你应该背对太阳或窗户拍摄。如果太阳正对着你，你可以把手放在镜头上方，遮盖一点儿光。如果你必须迎着光线拍摄，那么请你看看照相机是否有背光设置，有的话请用它调节一下。

调整镜头

调整镜头，确保你的目标没有被虚化。此时谁或什么在表达最重要的信息？尽量选一个简单的背景，避免拍摄对象被抢镜头。

多停留一会儿

在移动照相机或缩放镜头前，你可以在当前场景停留五秒以上的时间。过多的平移、缩放会影响视频的观赏性。你可以练习慢慢地、平稳地缩放镜头。注意，不同的照相机操作难度略有差异。

变换角度和位置

不要总是把镜头放在齐眼的高度，或总是和目标保持同一个距离。你可以时不时换一下角度或位置，方便之后进行镜头剪辑。寻找一些有趣的角度，比如，把照相机放在低处，朝上拍摄目标（从上往下拍会让拍摄者显得居高临下，而弱化了拍摄对象）。小型的数码照相机更便于拍摄。特写镜头可以帮助观众与拍摄的内容建立联系，还能捕捉到关键的细节。这一点对小视频来说尤为重要，比如放在网页上的视频，毕竟广角拍摄在小窗中显示不出太多细节。

大多数人拍照重量不重质。然而，只要在拍照前稍加思考，照片就能更好地引发人们的情感共鸣。以下小贴士可以帮你拍出重点突出且行之有效的照片。

构图

利用尺寸、距离、线条和颜色来引导人关注照片中的拍摄对象。对角线构图法更能吸引人的注意，而浅色、暖色比深色、冷色更吸引眼球。面部表情和手势可以传达情感和思想。为了让构图更具活力，不要把拍摄对象放在照片的中心。你可以使用三分构图法——想象你的照片上有一个井字网格，把你的拍摄对象放在四个交叉点的其中一个点上面。

有意识地调整你的镜头，尽可能捕捉你认为应该拍下的内容。选择一个简单的背景，避免杂乱，并移开那些看起来像是从拍摄对象头上冒出来的东西。可以在拍摄对象前方摆一些物件，这样能增加视觉趣味和背景信息。你还可以思考一下是用水平构图还是垂直构图。

和拍摄对象之间的距离

近距离拍摄可以展示更多细节，也能传达出一种亲密感。走远一点儿可以把背景展示出来，还能展现全组的互动，甚至可以突出周围环境的不同层次。看看在低于视线、与视线平齐和高于视线时影像会出现什么样的变化。拍摄人物的最佳位置是在与视线平齐或略低于视线的地方。

决定是否用闪光灯

自然光能增添闪光灯无法体现出的意境和深度，所以请尽量关掉闪光灯。在光线较暗的情况下，试着关掉闪光灯，使用三脚架或把照相机放在平稳的地方来捕捉周围环境的光。你也可以把ISO（光敏度）调到800及以上。你还需要知道有效闪光范围（通常不超过3米或大约4步）。为了让闪光灯在特写镜头中发挥更好的效果，你应该放大镜头而不是靠近拍摄对象。在户外时，试着在早上或傍晚拍摄，中午可以在阴凉处拍摄。如果你的拍摄对象处在阴影中，你可以用闪光灯补光，除非阴影就是你想要的效果。

❖ 其他形式与延伸

- 在开始记录之前，预想可能会遇到的情况。
- 在拍摄一群孩子时，请先用广角拍摄构建一个背景。你可以试着把照相机举过头顶进行俯拍。接着靠近一些，从孩子的肩膀上方拍摄，特写他们工作时手部的动作，然后从下往上拍，再对面部进行特写。例如，如果孩子们在画架前画画，你可以捕捉他们的面部表情、手部动作、他们选择的颜色、孩子之间的互动，以及他们的画作。
- 把视频剪辑成 3—5 分钟的短片，分享给学生、家长、同事和其他人。
- 如果你遇到了困难，可以找班上的技术小能手帮忙。

市面上有很多视频编辑软件，如 iMovie、Movie Maker 等，你可以上网搜索相关的教学视频。

工具 16
对话框：让学生的发言可见

顾名思义，对话框就是记录对话的方框（也可以是其他形状），通常出现在照片中孩子的头边，里面写着孩子说的话。对话框会从以下方面帮助学生反思并深化学习。

- 为学生提供看得见的参考和提醒，告诉他们学习过程中的关键想法或时刻。
- 让个人的想法在小组中可见并易于理解（展示不同的视角）。
- 让小组成员能够重新审视小组学习的关键时刻。
- 庆祝和巩固小组作为学习团体的身份。

谁 学生本身是对话框最直接的观众，但根据不同的目的，其他学生、老师、家长和更多人都可以成为观众。老师或学生可以制作图片并填充对话框。

怎么做 制作对话框并不难，不需要很多准备工作。虽然对话框有多种形式，但通常来说主要是一张一人或多人的照片，上面的对话框中写着这些人说的话。你可以把做好的对话框贴在墙壁、公告栏、便利贴、海报、学生的储物柜或教室内外的柜子上。过塑后，对话框还可以多次使用。

你可以把对话框附在班级简讯和作品集之后，也可以放在网上或通过 PPT 分享。漫画人生（Comic Life）是一款制作漫画的电脑软件，它便宜且易上手，成人和孩子都可以用它来制作对话框（见下页图）。

来自阿曼达·范弗莱克课堂上的"漫画人生"学习行为记录

对话框里可以放什么样的内容？在小组或全班讨论时，仔细聆听学生的真知灼见、发人深省的问题或评论。如果它们至少能够反映下面一项的内容，就可以把它们摘录到对话框中。

- 推动思考的想法
- 对重要概念的错误理解
- 合作学习

- 关键问题或异议
- 常常被忽视的学生的发言
- 对某个问题的多种回应

其他形式与延伸

- 把对话框贴在学生的物品上，比如，贴在学生的储物柜和文件夹上。
- 对话框过塑后，可以用白板笔在上面写字，以便反复使用。
- 张贴老师的照片，并在旁边的对话框里写下老师的思考。
- 用对话框记录你想在下次家长会上分享的对话或评论。
- 给家长发一个空白的对话框，让他们写下孩子说过的一些令人惊讶的话，再让孩子带到课堂上来。
- 同时制作思考框和对话框来强调思考与说话的区别。
- 为教室的学习角制作标识。你可以用孩子的语气制作对话框，以此作为提示。
- 让学生在便利贴上写下他们对某一主题的想法或反思，然后把便利贴粘在墙上，让大家寻找其中的异同和规律。

如果你只有五分钟……

- 留心学生或成人有价值的发言，把它们记下来，并在下节课开始时分享。
- 把有价值的发言直接写在过塑的对话框中。
- 让学生做上述一项或两项活动的记录员。

第 14 章
让家庭成为学生学习的后援

本章提供的工具小到冰箱提醒条,大到建立家庭学习小组的指南,将帮助家长大致了解如何让学习,特别是自己孩子的学习可见,还会教家长如何在家支持孩子的学习。

工具 17　向家庭介绍"让学习可见"的理念

在这里,我们建议用不同的方式向家庭介绍"让学习可见"。

工具 18　冰箱提醒条:在家实现让学习可见的五种方式

这个工具是一个由家长组成的学习小组设计的。他们的孩子就读于俄亥俄州上阿灵顿的威克利夫进步社区学校。家长们花了一年的时间研究如何让学习在家中可见。冰箱提醒条提供了一些简单的建议,大家可以参考这些建议来记录与鼓励在家开展的小组学习。

工具 19　让学习可见的家庭问卷

从这份短小的问卷中,家长可以了解到在课堂上或在家中支持孩子学习的各种方法。

工具 20　让家庭参与学习过程

在这个工具中,我们提供了很多方法帮助家庭更积极地参与孩子的学习。我们还附上了梅莉萨·托纳谢尔老师的一则说明。她想告诉家长为什么不是每个孩子的作品都会出现在公告栏上。

工具 21　在家记录学习行为

在这个工具中，我们为家长列出了在家中记录孩子学习行为的各种方式。

工具 17
向家庭介绍"让学习可见"的理念

你可以用各种方式向家庭介绍这本书的原则和理念，比如，跟家长分享案例，介绍学习特写或其他阅读材料，或者组织家长一起讨论学习到底是什么样的，等等。你可以用下面六个建议来开启与家长的对话，共同探讨小组学习和学习行为记录（更多想法详见www.makinglearningvisibleresources.org/engaging-families.html）。你可以在家长开放日、家校读书会或其他活动上分享这些文章或视频，帮助大家达成共识。感兴趣的家庭可以访问上述网址查看完整视频和文章。

1. 播放一段或几段本·马德尔于2006年制作的"学习是一项团体运动：学前班的波士顿马拉松研究"（Learning Is a Team Sport: Kindergartners Study the Boston Marathon）视频。成人往往会低估孩子的学习能力，你可以用这个视频来挑战成人的刻板印象，并和家长们一起探讨小组学习的价值（http://vimeo.com/21372133）。

2. 阅读朱利安·德扬（Juriaan de Jong）于2006年写的反思。这篇反思源于他女儿的学前班老师布置的一项家庭作业。你可以用这篇反思作为开头，和家长们讨论如何在家支持孩子的学习（www.makinglearningvisibleresources.org/an-elementary-school-parentrsquos-reflections.html）。

我们在第9章中节选了朱利安这篇反思中的一段话："我学会了和孩子一起头脑风暴，让她决定学习的方向，记录她的思想和行动，并帮助她整理和落实自己的想法。在这个过程中，我帮她打开视野，让她学会思考。同时，我也感觉到自己的心态在日渐开放，并且玩儿得不亦乐乎！"

3. 阅读玛拉·克瑞克维斯基（Mara Krechevsky）写于2009年的

文章《你为什么不去告诉其他孩子？》（Why Don't You Tell the Other Kids?）。玛拉在这篇文章中讨论了瑞吉欧教学法是如何影响她与孩子，特别是四岁儿子的互动方式的（www.makinglearningvisibleresources.org/ldquowhy-donrsquot-you-tell-the-other-kidsrdquo.html）。

在玛拉·克瑞克维斯基的反思中，她这样写道："自从了解到瑞吉欧，我完全改变了自己与孩子的交流方式。我不会止步于孩子说出的'我不知道'。我允许他们沉默。我会耐心地等待他们思考。我会鼓励他们和伙伴分享想法，或一起解决问题。我试着花更长的时间去理解和探索他们的世界观，而不是一味地牵着他们的鼻子走（哪怕只是小小的引导）。跟随瑞吉欧的理念，我逐渐发现，嬉戏、幻想与科学一样，也是有价值的。"

4. 阅读本书中的一个章节、一篇学习特写或《让儿童的学习看得见：个体学习与集体学习中的儿童》一书里的一篇视觉论文、相关的文章（www.makinglearningvisibleresources.org/books-and-articles-list.html）并和家长探讨。

5. 在家长开放日引导家长了解学习的可见性。你可以提出这样的问题：你觉得学习可见吗？你一直是这样觉得的，还是有时这样想，或是从不这样认为？在记录时，哪些场景会吸引你的注意？你会在什么时候按下录音键？你会在什么时候尝试去记录学习行为？

6. 在家长开放日或家长参与的其他活动上，引导家长分组或全体一起仔细查看学生的工作或学习行为记录，用第12章工具7至工具9中的一个规程进行讨论。你还可以使用第11章工具5中的"看—想—问"。

✹ 如果你只有五分钟……

- 在家长开放日或家长参与的其他活动上分享学生的作品。
- 把学生的作品带到家长会上。
- 在成绩单或学习评估报告后附一句孩子说的与学习有关的话。
- 把冰箱提醒条（工具18）或让学习可见的家庭问卷（工具19）发给家长。

工具 18
冰箱提醒条：
在家实现让学习可见的五种方式

当孩子向成人提出问题或展示他们的作品时，成人有时会不知所措，因为他们不知道如何回应，或不知道如何好好利用这次机会帮助孩子学习。冰箱提醒条是威克立夫进步社区学校一个家长学习小组设计的。这些提醒条能帮助家长聆听孩子的声音，营造更好的家庭学习环境，还为家长提出建议，让他们明白要想鼓励孩子分享自己的想法，与他人共同学习和互相学习，并掌握学习自主权，家长需要怎么说、怎么做。你可以在家长开放日或学年开始时将下面的示例分发给家长，还可以附上简要的解释与说明。

在家实现让学习可见的五种方式

1. 与其回答问题，不如积极提问！
孩子提问时，不要直接给出答案，而要反问："你怎么看？"

2. 鼓励在家开展小组学习！
让孩子和兄弟姐妹、朋友或同学一起解决问题。你也可以把一些作业变成家庭项目，让全家人一起学习。

3. 写下来！
当孩子带回家一件特别的艺术作品时，让他介绍一下这件作品。把孩子的介绍记录下来，和艺术作品收藏在一起。你还可以在艺术作品下方写下孩子说的某一句话，把两者结合起来。

4. 拍照！

把孩子在家玩耍、帮忙做饭、旅行或做任何事的场景拍下来，然后把照片打印出来和孩子一起讨论。你可以试着问："跟我说说吧，在做这件事的时候，你感觉怎么样？你为什么决定这样做？"把孩子的反思记录下来。

5. 拓展学习！

如果你的孩子正手舞足蹈地介绍学校的某个项目，或是对某件事产生了浓厚的兴趣，你们可以去图书馆、博物馆、公园或其他合适的地点进一步研究。

✳ 其他形式与延伸

- 在冰箱提醒条的下方留出一定空间供家长补充自己的想法，或者让他们制作自己的提醒条。
- 和家长演练以后可能会与孩子进行的对话。
- 把冰箱提醒条张贴在公共区域，比如学校前台（front office）[1]。

---

[1] 美国许多学校设有前台，用于发布通知、收发信件、接待家长和访客等。——译者注

工具 19
让学习可见的家庭问卷

下面这份家庭问卷列出了家长参与"让学习可见"的课堂的各种方式。你可以在开学时让家长填写,以了解各个家庭的兴趣与提供帮助的意愿。

姓名:_____

最佳联系方式(邮箱、电话等):_____

我对以下内容感兴趣:

_____ 对老师在学校做的学习行为记录做出回应。

_____ 协助老师记录孩子课堂上的学习行为。

_____ 协助老师把音频或视频中孩子的对话转成文字。

_____ 协助老师编辑学习行为记录(图片、视频、文字)并把它们上传到网上。

_____ 在家记录孩子的学习行为。

_____ 加入研究儿童学习的成人学习小组。

_____ 帮助家长创建与儿童学习有关的展览、班级网页或班级简讯。

_____ 组织策划不定期举办的家长交流会,指导新的家庭开始记录学习行为,等等。

_____ 其他(请具体说明)_____

_____

其他想法、兴趣或问题:

其他形式与延伸

- 你可以自行设计问卷，也可以邀请感兴趣的家庭设计，还可以和有兴趣的家庭合作设计。
- 先向家长介绍学习行为记录是如何支持学习的，然后再让家长填写问卷。
- 让一两位家长、助教、实习生或学生将家长们的回复整理成列表并做总结。

工具 20
让家庭参与学习过程

在大多数情况下，家长参与学习过程的方式，只是在项目或单元学习的尾声观摩孩子制作好的成品，或收到孩子的成绩单和学习评估报告。你可以试试在单元教学的开始或过程中就邀请家长参与进来。

邀请家庭参与学习过程

你可以在单元教学开始时，邀请家长来课堂上分享自己的想法、资源和希望。也可以在项目的中间邀请家长帮忙解决问题、给予反馈、给学生的项目提供专业意见，或者和学生一起就某个话题展开调查。其他方式包括：

- 跟家长分享一节课的教案、一个项目的方案或一个单元的设计。在活动开始前，征求家长的想法，看看家长是否可以提供什么帮助或资源。
- 在项目中途邀请家长近距离观察学生的学习，并给出反馈。
- 让学生把他们在课堂上新学的概念或知识教给家长。

把照片或照相机带回家

对一些学生来说，照片或视频比文字更能引发他们的表达欲。与其写评语，不如把学习过程中的照片或其他图像素材连同评语一起寄给家长。你也可以为家庭提供一台比较便宜的数码相机，这样孩子就可以和家人直接分享学习中的照片或视频了。然后，再让学生把照相机带回学校拍摄更多画面。你还可以鼓励家庭捐出不再使用的照相机。

✣ 公告栏上的学习之旅

公告栏为家庭提供了另一种参与孩子学习的方式。孩子们可以成为小导游，带着爸爸妈妈展开一场公告栏上的学习之旅——它可以让家长条理清晰地阅读孩子的学习行为记录。你还可以在公告栏上贴出问题，让观众在便利贴上写下回复。

也许你并没有张贴出所有学生的作品。这种情况下，有家长可能会质疑为什么没看到自己孩子的作品。学前班和一年级的老师梅莉萨·托纳谢尔写了一则说明（见下文），以此向家长介绍让孩子的学习可见的另一种方式。这则说明鼓励每个家庭去思考小组学习是如何反映个人学习，个人学习又是如何反映小组学习的。我们也鼓励你根据自己的情况适当调整这则说明。

从另一个角度看待公告栏

梅莉萨·托纳谢尔

在我们的印象中，班级公告栏上张贴的都是一张张图片，图片上展示的是班上每个孩子大同小异的作品。从公告栏上，人们能大致了解到这个项目是什么，每个孩子大概学了什么。可是现在，我们想勇敢地打破传统，重新定义公告栏上的作品，让大家从一个崭新的视角来看待我们的课堂学习。

这块课堂之外的空间是外界观察课堂学习的窗口。它展示的不是具体某个孩子的成功。你可以这样想象，你的视线穿透这堵墙，看见课堂上孩子分成了许多小组在用不同的方式探究着各种各样的问题。而事实上，学前班里的所有孩子都在用这样的方式探索新的发现和问题。我们由衷地希望，公告栏上展出的记录能让你体会到学习本身的价值（而不仅仅停留在特定的活动上）。

我家孩子的作品在哪里

尽管公告栏没有展出每个孩子的作品，但它真实地呈现了每个人的学习经历，因为每个孩子都在不同的时刻以不同的方式参与。当三个孩子在分享环节展示他们的作品时，其他孩子则忙着点评和反馈。在此过程中，这些给出意见和建议的孩子得以锻炼思维、贡献想法、提出真诚的问题，并计划接下来的行动。

谁来决定张贴哪些作品

哪些作品能上墙，通常由老师决定。我们往往会展出"最佳作品"或者某次关键任务的结果。其实张贴出来的作品不仅反映了学生的学习，更反映了我们老师的自我反思：我们把自己的价值观、审美、教学法与教学理念公之于众。除此之外，我们也非常期待看到学生的努力得到认可，所以我们真诚地希望路过的人都可以在公告栏前驻足。

学生也会决定公告栏的布置。我们全班一起讨论过公告栏的价值，其中一条就是让那些不常走入我们课堂的人了解大家在学什么、做什么。最近，有人问孩子们正在学什么，以及最想与课堂以外的人分享哪个成果，他们毫不犹豫地选出了你现在看到的作品。他们不仅选择了展出的内容，还讨论了如何布置公告栏，从而让观众获得最佳的观赏体验。

也欢迎你的加入

孩子们也期待你驻足观赏。除此之外，你还可以写下你的问题、想法和感受，这样，你就可以参与到我们的学习中。孩子们会听到你的声音，这样他们在听取多方意见的同时，也会考虑你的视角。因此，在孩子们前进的道路上，你也贡献了自己的一臂之力。

谢谢你花时间用心地欣赏我们的成果。

✳ 其他形式与延伸

- 自己写一则公告栏说明。
- 让学生写一则公告栏说明。
- 在你的班级简讯、给家长的电子邮件、博客或信件中附上一则说明。

工具 21
在家记录学习行为

只需要一点点儿支持，家长就可以在家记录孩子的学习行为。你可以先用第 12 章中的工具 8 带领家长体验收集和分析记录的过程。家长和老师可以同时参与到这个活动中来。你需要提醒家长，有的孩子刚开始会不适应有人在一旁观察他们的行为，但慢慢会好起来的。如果孩子想看自己的照片，你可以这样回答："现在我不能给你看，因为我希望你把注意力集中在手头的事情上。"

❖ 在家记录学习行为的小贴士

- 为你的学习行为记录选择一个与学习相关的焦点问题（例如，和同伴一起学习或玩耍、准备口头报告、练习乐器）。试着捕捉学习过程中各式各样的瞬间。
- 选择记录工具（照相机、纸笔、智能手机，等等）。请记住，照片能很好地捕捉到学习中的情绪。
- 情况允许的话，可以使用两种记录方式（例如，照片加语录）。
- 从所有收集到的记录（例如，一组照片、几分钟的视频等）中筛选出一些与其他人一起回顾。试着用本书提到的一种规程或思维路径来组织整个讨论（参见第 11 章的工具 5 或第 12 章的工具 7 至工具 9）。
- 与孩子分享你学到的东西。试着把记录展示出来（在厨房或客厅里，或在家庭相册、社交平台、笔记本电脑或 DVD 等载体上）。

❖ 其他形式与延伸

- 鼓励家长通过提问让孩子反思自己的学习。
- 把在学校做的学习行为记录发给家长,请他们提出自己的看法和感受。
- 邀请感兴趣的家长组成一个家庭学习小组或家校学习小组。在这样的小组中,大家可以共同探究一个与学习有关的问题。以下是给学习小组的活动指南:

　△ 选出一到两位引导员。
　△ 选择一个与学习有关的问题。
　△ 定期收集、查看并讨论与核心问题相关的学习行为记录。
　△ 用规程或思维路径来组织整个讨论。
　△ 和他人分享你们的所学与所得。

第 15 章
让学习在教室外可见

本章的工具与模板会教你如何制作公告栏、展板，如何策划校内展览，让学生的学习在学校甚至更大的社区可见。

工具 22　让学习和学生可见的公告栏

这个工具将会引导大家用非常规的布局来设计公告栏，从而让学习在教室内外都变得可见。

工具 23　为教与学策展

展览的目的和受众可谓多种多样。在这个工具中，我们会把目光聚焦在为公众策划一个呈现教与学的展览上，并为之提供相应的策略和建议（请参考 www.makinglearningvisibleresources.org/creating-an-exhibition-of-teaching-and-learning.html 中马萨诸塞州剑桥市剑桥林奇与拉丁学校的展览手册）。

工具 24　展板详解

这个工具明确了几项让学习在教室外可见需要注意的关键信息，例如，标题、背景信息、支持性证据、分析和解读，以及格式。

工具 25　"变焦"展板的指南与模板

"变焦"（Zooms）是由塔夫茨大学埃利奥特－皮尔逊儿童学校的

本·马德尔和他的同事开发的一种展板。我们将在这里介绍如何使用"变焦"展板并提供一个模板。这种高约 90 厘米、宽约 120 厘米的展板，让我们有机会近距离观察和分析课堂的某一方面或某些方面。

工具 22
让学习和学生可见的公告栏

公告栏的用途多种多样。从会议通知、家校新闻，到课程概述、学习成果展示，公告栏可用来传达各种各样的信息。如果公告栏的侧重点是展示学生的所做所学，它也就实现了让学习和学生可见。公告栏不仅能展示学习的过程和产品，平衡内容学习与对学习本身的思考，还可以同时展示成人和学生的收获。让学习和学生可见的公告栏具有以下作用：

- 与观众交流并促进观众对教与学的认识。
- 反映班级和学校的理念。
- 展示个人的思考。
- 支持创建集体知识以及反思。
- 帮助学生在单元之间和学科之间建立联系。

谁　公告栏有诸多潜在的观众：学生、老师、家长、学校管理者和社区成员。有可能的话，你可以找一位同事与你一起布置公告栏。你还可以用以下方式让学生参与到布置中来：

- 询问学生，在学习过程中他们最想和别人分享的部分是什么，以及他们最期待从观众那里获得哪些反馈。越具体的问题越能引出有用的反馈。
- 在公告栏上展示学生对学习的反思：哪个部分很有挑战？哪些内容让人大吃一惊？什么让人无比兴奋？
- 和学生一起布置公告栏。浏览完成后的公告栏，和学生再进行一次反思。

怎么做 公告栏可简洁，可复杂。你可以在学习过程中布置公告栏，也可以结束后再布置。有时候，记录小组的学习行为或学习瞬间比记录全班或整个单元学习的情况更有效。注意不要把过多的内容塞进公告栏。如果面对大量的信息，你实在无法选择，可以扪心自问："我想让哪些学习可见？"记得在公告栏上留下你的名字、学生的年级或年龄，以及日期（这些信息最好出现在每个公告栏的同一个位置）。

让学习在教室内和教室外可见需要做的工作是非常不同的。教室外的公告栏需要为观众提供足够多的背景信息，以便观众理解上面的内容；它能促成各种教与学相关的对话和比较，比如，思想、信念和价值观。以下注意事项能引导你确定在公告栏中加入哪些内容。

- 学习过程中，最让你兴奋的内容是什么？你的学生呢？
- 明确你的受众，并确定制作公告栏的目标。
- 确保公告栏上有相应的信息支持你的评论或解读。
- 你还可以加入哪些内容来启发其他的学习与思考？

❖ 公告栏清单

- 你是否添加了一段背景简介？
- 你是否添加了学生的作品、文字和照片？
- 你是否想出了一个吸引人的标题（可能是学生提的一个问题或说的一句话）？
- 你是否放大或突出了你觉得最重要的语句？
- 你是否向观众征求了想法和意见？

❖ 其他形式与延伸

- 邀请他人测试一下公告栏，确保上面的信息是清晰易懂的。
- 抽时间与学生一起回顾并反思公告栏上的内容。
- 为正在进行中的项目制作一个公告栏。

- 在公告栏上贴出对话框。
- 邀请学生为公告栏收集信息、拍照或记录重要的发言。
- 与同事或学生一起在学校里进行一次学习漫步。四处观察一下哪些学习是可见的，哪些展示墙凸显了学校的理念。请学生带父母做一次公告栏之旅。
- 和另一个班级结对，浏览彼此的公告栏并给出反馈。
- 张贴一份解释性说明，告诉观众这样布置公告栏的意图。
- 打开你的思路：公告栏可以设置在教室内，也可以设置在教室外；可以是实体的，也可以是在线的（比如，博客、多人协作文档或班级简讯）。

如果你只有五分钟……

- 如果你一般只在公告栏上张贴文字，试着添加一些图片；反之亦然。
- 在公告栏上添加你自己的学习反思。
- 在公告栏上添加一到两张学习过程中的照片。
- 逐步把各层次的内容添加到公告栏上，例如，学生的反思、学习背景、一个引人入胜的标题、老师的反思、学习过程，或向观众发出的评论邀请。

工具 23
为教与学策展

公众接收到的与学生学习有关的信息大都是考试分数或令人沮丧的新闻。教学成果展则为大众提供了另一种了解学习的方式。展览的目的与受众都非常多元：它不仅可以让老师和学生对彼此负责、对整个学习社区负责，还可以激发人们针对教与学以及学校在社会中的作用提出自己的假设、价值观和信念。

制作和反思展品也将有效地促进教师的职业发展。展现学生和成人的学习并非易事，但这样做能加深参展教师自身的学习，使他们满载而归。教学成果展可以：

- 分享、庆祝学生和老师的学习。
- 挑战有关学生学习能力的未经检验的刻板印象，在更广泛的社区促进教与学的对话。
- 围绕学校使命进行自我评估。
- 提供标准化测试无法反映的学习证据。
- 帮助我们了解孩子的学习方式，为集体知识添砖加瓦。

谁 无论是老师、学生、家庭、学校管理者、学校董事会成员还是社区成员，都可以成为策展人或观众。你需要确定一两个负责人来监督整个策展的过程，还需要成立一个咨询委员会来帮助你做决策，打磨细节。个人或小组均可以制作展板（或视频）。你可以根据展览的目标询问学生最想分享哪些方面的学习内容以及最想从观众那里获得哪些方面的反馈。学生也可以参与制作和反思展品。

怎么做 教学成果展最突出的特点就是它对学习本身的关注，而不是仅仅罗列师生都做了什么。展览既可以以老师或学生为中心，也可以以学习过程或产品为焦点，还可以以学习内容或学习本身为核心，甚至可以包括以上所有内容！展览可以有一个特定的主题（例如，提问在学习中的作用），也可以探讨学校内的一个话题，还可以包含多元话题。展览中的展板一般会讲述具体的学习故事（例如，一个学习小组或一个了不起的时刻），以此加深创作者和观众的理解，而不是笼统地介绍整个项目或单元的信息。它们还可以聚焦于某个令人难以置信的、不同寻常的或陷入学习困境的时刻。展览极有可能成为家长和老师进行交流的新场所，因此你可以给家长提前寄一封信，还可以在宣传册里添加一条说明，提醒家长该展览和只关注自己孩子的家长会有什么区别。

通常来说，展板会展出照片、文本、学生的工作与反思，以及成人的分析（详见工具24）。支持性的素材应该张贴在对应的内容旁边，以便观众建立清晰的联系。为了实现最有效的沟通，你需要在布局、图文比例、设计（图案、字体和字号）、颜色、文章结构和流畅度方面保持统一的审美风格，还要保持老师和学生相关内容的平衡。时刻提醒自己不要加入过多的文字。

展览可以在学年过半时或学年末举行，地点可以是学校礼堂、图书馆、大厅、教室，甚至其他公共场所，如附近的图书馆、社区中心或市政厅。对展览进行反思的时候，你可以使用"看—想—问"（详见第11章工具5）以及"连接—扩展—挑战"（详见 www.visiblethinkingpz.org）这样的思维路径。

以下方案可用于开幕式及后续活动。

- 从学校管理者、老师、家长、当地政要和学生中邀请至少两位作为开幕式的演讲嘉宾。
- 给观众自由浏览的时间，邀请他们在便利贴上写下自己的感想。
- 留出时间，引导大家围绕一个或多个展品，用一个简单的规程有条理地讨论与交流。
- 安排好可供观众参观的其他时间。
- 一年中，在公共场所轮流展出不同的展品。每次可针对一两个展品开展一系列自带午餐的研讨会。
- 召开教职工会议，让老师查看并反思彼此的展品。
- 把展品信息记录下来或存档，以备之后与新老师或新家庭分享。

❖ 其他形式与延伸

- 提前进行测试，确保展品提供了足够且有效的信息。
- 策划一个工作室或工作坊形式的展览，让观众为正在进行中的作品提供反馈。
- 一次展览只关注一个年级或一个科目。
- 邀请特定的观众给展品提出反馈。
- 请学生帮忙记录、拍照、添加反思或创作自己的展品。
- 在学校网站上发布各展品的信息。
- 围绕展品进行一场专题座谈会。
- 创建一个学习博物馆，在整个学年里轮流展出各个展品。

工具 24
展板详解

学习行为记录有多种目的。有的记录能很好地帮助在小组中学习的学生，而有的记录则针对小组之外的人。本工具将介绍面向各类观众的展板或记录板需要具备的五大要素。

谁 老师、学校管理者、学生，以及想向公众呈现学习行为记录的其他人。

怎么做 在制作展板或记录板时，请参考本工具中列出的几个板块。（此外，工具25还会介绍"变焦"展板及其指南和模板。"变焦"展板能形象地描绘出课堂上的各种瞬间。）

与本章中的其他工具一样，请记住以下几点：

- 注意不要添加太多文字。
- 试着平衡元认知学习与具体的学习内容。
- 记录一个小组的学习情况，或记录一个时刻、一件事，往往比记录整堂课或整个学习单元更有震撼力。
- 如果你感觉自己被海量的信息淹没了，问问自己："我想让哪些学习可见？"

标题
一个好的标题能让观众一下子抓到展品的精髓。你可以用孩子的话、比喻或其他任何方式激发观众的兴趣，并传达核心信息。标题应该足够大，且呈现在显眼的位置，以便吸引观众的注意力。

背景信息

尽量把背景介绍限制在一到两个段落内，简明扼要地为观众做前情铺垫。背景信息应当包括老师或记录者的姓名、学生的年龄、学校和城市的名称、学习的目的，以及日期或时段。把学生的照片或图像放在前面。你还可以加入其他信息，比如，学习要点或项目简介、小组规模、过往的相关经验，以及使用的材料。照片或其他图像都能有效地呈现这些信息。

支持性证据

仔细回顾你收集到的信息和学习证据，例如，成绩单、照片、学生作品等，并从中挑选出既能帮助观众理解你对这段学习经历的解读思路（见下文），又能让他们形成自己看法的关键证据。这些证据需要呈现学习过程以及学习产品，即学习方式与学习内容。在条件允许的情况下，请选择至少两种展示形式，例如，文本（叙述或引述）和图像。

你的分析和解读

在展板上添加你的思考和收获。对学生的这段学习经历，你感到吃惊的是什么？让你兴奋的又是什么？哪一个瞬间打开了你的思路？在教与学上你又建立了哪些重要的联系，拓宽了哪些视野？你可以在展板的各个板块上添加你简短的反思，让观众读到你的解读思路与过程。你想讲述什么样的故事？你想开启怎样的对话与交流？你将利用这些学习行为记录在未来塑造出什么样的学习体验？

格式

你的展板和记录板最好采用统一的格式，这样在展出新内容时，观众就不用重新研究如何阅读整个版面了。你可以在电脑或A4纸上而非大的海报纸上排版，这便于复印、分发给同事以寻求反馈，修改起来很方便。展板的尺寸取决于环境，一般来说，90厘米×120厘米就够了。最好能让观众在5到10分钟内获取关键信息。如果有人想要更深入地了解信息，你可以在桌上或旁边的墙上提供额外的内容或展品。

工具 25
"变焦"展板的指南与模板

制作一个让你或学生的学习可见的展板，往往要解决一个老大难问题，那就是从哪里下手或如何整理并呈现出众多的数据。"变焦"展板是一块 90 厘米 ×120 厘米的记录板，能有效且高效地向观众展现出师生的学习。它包括照片、对话节选、孩子们的作品，以及成人的反思或分析。通过"变焦"展板，观众可以近距离地观察孩子与老师对教学问题和学习问题的回答或理解。这个工具最早是由本·马德尔和同事在 2009 年开发的（http://pz.harvard.edu/sites/default/files/Voices_Zooms.pdf）。他们在马萨诸塞州梅德福市的埃利奥特 – 皮尔逊儿童学校工作。下面的"变焦"展板指南与模板，为老师参与全校探究提供了参考。

怎么做 用下面几页中的指南与模板来制作你的"变焦"展板。如果需要了解展板的基本构成，请参阅工具 24。

"变焦"展板指南

布局

为了增加展板的可读性，你可以：

- 将文本和其他内容的阅读顺序设置为从左到右。
- 给展板的各部分内容编号，让观众明白应该先读哪个，再读哪个。
- 询问同事这块展板的布局是否清楚明了。
- 尽量统一字号，标题的字号不小于 36 磅，正文字号不小于 20 磅。

- 突出你认为最重要的观点或语句。

标题

一个好的标题能让观众一下子抓到展品和学习行为记录的精髓。你可以用比喻、孩子的话或其他任何方式激发观众的兴趣，并传达核心信息。请把标题放置在左上角的显眼位置。

问题

展板强调的核心问题应该与支持个人学习和小组学习挂钩，也需要和你或学校的教育理念与兴趣相契合。理想情况下，一个好问题应具备以下元素：

- 符合其他教育工作者的兴趣和价值观。
- 与学生可参与探究的主题相关。
- 易操作、可管理（例如，基于你已经在课堂上开始做的事情）。
- 对你和他人来说具有欣赏价值（例如，简洁明了、具有启发性）。

有关提问的标准，请参阅第13章的工具12。例如，"六年级学生如何成为更好的观众？""当孩子们参与选择小组时会发生什么？""一项工作何时完成？"在确定最终版本之前，需要多次修改你的问题。

背景信息

尽量把背景介绍限制在一到两个段落内，简明扼要地为观众做前情铺垫。背景信息应当包括谁、做了什么、何地、何时、为什么（老师或记录者的姓名、学生的年龄、学校和城市的名称、学习的目的、日期或时段，以及提出这个问题的动机）。把学生的照片或图像放置在左上角。你还可以加入其他信息，比如，学习要点或项目、小组规模、过往的相关经验，以及使用的材料。

镜头推近（学习片段）

仔细选择你收集到的学习证据（例如，成绩单、照片、学生作品等），让观众理解你是如何解读这段学习经历的（见下文）。你可以试着加入有关学习过程（怎么样）和学习成果（是什么）的信息。

镜头拉远（发现或分析，以及影响）

你需要在这个部分介绍你学到了什么。它包含两个可以合而为一的板块：你对学习片段的解读（发现或分析）、你的观察对教与学的启示（影响）。你还可以加入自己对整个展板以及镜头推近部分的简要反思。你想要讲述一个什么样的故事？学生的哪些经历让你兴奋或吃惊？哪个瞬间打开了你的思路？学习行为记录将如何影响你之后的教学？为拓宽教与学的视野，你建立了哪些重要的联系？

"变焦"展板模板

引人注目的标题（为了让观众首先注意到标题，你可以使用尽量大的字号并加粗。你可以将标题置于左上角；如果放在中间，请标出观众看完标题后接下来应该查看哪里。）

老师 班级 日期	镜头推近	镜头拉远
核心问题	你可以在这里加入一篇短小的视觉论文或其他学习证据。这些细节能让观众更仔细地观察与你的核心问题以及你想展现的学习相关的时刻和工作。	发现或分析
背景信息	请在需要补充说明的图像旁边添加注解。	影响

Copyright © 2013 by John Wiley & Sons, Inc.

Visible Learners: Promoting Reggio-Inspired Approaches in All Schools
by Mara Krechevsky, Ben Mardell, Melissa Rivard and Daniel Wilson
ISBN: 9781118345696
Copyright © 2013 by John Wiley & Sons, Inc.
All Rights Reserved. This translation published under license. Authorized translation from the English language edition, published by John Wiley & Sons, Inc. No part of this book may be reproduced in any form without the written permission of the original copyright holders.
Copies of this book sold without a Wiley sticker on the cover are unauthorized and illegal.

本书中文简体字版专有翻译出版权由John Wiley & Sons, Inc授予中国人民大学出版社。未经许可，不得以任何手段和形式复制或抄袭本书内容。
本书封底贴有Wiley防伪标签，无标签者不得销售。

图书在版编目（CIP）数据

可见的学习者：为什么要记录学习行为？/（美）玛拉·克雷切夫斯基（Mara Krechevsky）等著；唐玥译. -- 北京：中国人民大学出版社，2023.10
书名原文：Visible Learners: Promoting Reggio-Inspired Approaches in All Schools
ISBN 978-7-300-32185-1

Ⅰ.①可… Ⅱ.①玛… ②唐… Ⅲ.①学习过程—研究 Ⅳ.①G442

中国国家版本馆CIP数据核字（2023）第194290号

著作权合同登记号
图字：01-2021-6014号

可见的学习者：为什么要记录学习行为？
［美］玛拉·克雷切夫斯基（Mara Krechevsky）　［美］本·马德尔（Ben Mardell）
［美］梅莉萨·里瓦德（Melissa Rivard）　［美］丹尼尔·威尔逊（Daniel Wilson）　著
唐玥　译
Kejian de Xuexizhe: Wei Shenme Yao Jilu Xuexi Xingwei?

出版发行	中国人民大学出版社		
社　　址	北京中关村大街31号	邮政编码	100080
电　　话	010-62511242（总编室）	010-62511770（质管部）	
	010-82501766（邮购部）	010-62514148（门市部）	
	010-62515195（发行公司）	010-62515275（盗版举报）	
网　　址	http://www.crup.com.cn		
经　　销	新华书店		
印　　刷	北京华宇信诺印刷有限公司		
开　　本	720 mm × 1000 mm　1/16	版　次	2023年10月第1版
印　　张	15.5　插页1	印　次	2023年10月第1次印刷
字　　数	230 000	定　价	79.80元

版权所有　侵权必究　印装差错　负责调换